U0106555

原來筆跡藏著心底話！

21堂
成長必修的筆跡課

林婉雯　著

獻給

在天家的爸爸媽媽

生命中一切的美好
全因你們的愛
與
力量無窮的榜樣

讓我知道
有夢的人　對風浪無畏　凡事也可能

序

去年的五月份，我寫了第一本書《你有多久沒寫字？原來筆跡能反映你的個性！》，從入門的角度，介紹筆跡分析的基本概念，並以不同的實例，闡述筆跡分析的應用，希望讓更多朋友，認識筆跡分析這個專業，沒料到反應比預期要好，有不少讀者回應，希望更深入認識筆跡分析的技巧，以便能用於日常。

我在想，筆跡分析所涵蓋的內容相當廣泛，單在應用上，有兒童、個人剖析、職業指導、招聘、團隊管理等等，要一次過讓讀者深入認識，似乎多流於表面，若單從分析技巧角度出發，又可能讓大家感到納悶，況且筆跡分析的技巧，從來也不簡單，就正如我們去除洋蔥皮一樣，剝掉一層，下面還有一層，比方說我們認識到寫字的斜度，表達着溝通的態度時，原來背後又隱藏着父母對孩子的影響。

從我過往的筆跡分析經驗中，我真切感受到，有很多我們現時所遇上的問題，很大部分的原因，是來自成長期間所碰到的種種人和事，所有經驗的累積，使我們今天，有着不一樣的行為態度，很多時候，我們會問，若可從頭開始，情況會否不一樣？這當然是一個天方夜譚，時間只能讓我們往前走，積極一點往前看，生命中還有無盡的機會，讓你繼續學習，修正，再大步向前走。再者，我們更應為下一代着想，孩子並不是要贏在起跑線，我們應該關注的，是如何讓孩子選對跑道而行，讓往後的日子，更能稱心暢順，免得走錯了跑道，多繞了圈，浪費了時間。

為此，我決定從成長的角度，更深入地介紹筆跡分析相關的技巧，好讓處於成長期間的年輕人，更深入了解自己，也讓家長與教育人員，以及對筆跡分析有興趣的朋友，明白到孩子的思想模式、興趣、潛能、可預見的潛在問題、與父母的關係等等，當中也為老師們，提供了指導書寫的資訊。

大綱擬定妥當，一切也順利進行，只是到了開始撰寫「父

母與孩子的關係」那一節時，家父在睡夢中離開，回到天家去了。心中百感交集，過往成長中的片段，不斷在腦內浮現，讓我重新審視自己的成長路，與父母的一切一切，是如何成就今天的自己。我很感恩，我有一個如多啦A夢的媽媽，我並不是說她有無盡的法寶，她天資聰穎，但我知道她並非什麼也懂，只是她為了子女，變得力量無窮，事事嘗試，堅毅不屈，萬事也變成可能；也感謝遇上了觀察力強、對人關懷備至、又不斷追夢的爸爸，他的腦袋裡永遠有着不同的點子，生命還是不停的追尋，不停的學習，這段日子，我的腦子裡，重覆的浮現着，昔日倚在爸爸肩膀，坐着單車的一張照片，與陳奕迅《單車》這首歌。

歌詞是這樣說的：「難離難捨想抱緊些，茫茫人生好像荒野，如孩兒能伏於爸爸的肩膊，哪怕遙遙長路多斜，你愛我愛多些，讓我他朝走得堅壯些。」父母對孩子的教養，與孩子的關係，成就了孩子的將來，我希望通過介紹筆跡分析的技巧，讓各方更能明白，年輕人在不同成長期的想法與需要，扶助孩子正向地成長。

這書得以完成，我要特別感謝各方好友的幫忙，包括：Helen Lee、Frances Yeung、Berenice Ng、Tommy Cheng、Karen、Catalina Cheng、Joanna Chan，以及在「基本的分析概念」一篇作插畫的 Christine Lam，與所有願意提供筆跡手稿的大小朋友；在此，也要多謝各大傳媒機構，一直以來，對筆跡心理學的關注，最後，要特別感謝三聯書店（香港）有限公司各部門同事的協助，讓這書得以順利出版。

林婉雯

2020 年 5 月寫於香港

前言

談及「筆跡」，大多數朋友聯想到的，必定是寫字，寫字包含了「寫」的動作與「字」兩個部分。寫就是簡單地拿起支筆，在紙上塗畫，可能是在寫生，又或是如幼童手執着筆那樣，亂塗亂畫，既是塗畫，就不一定與「字」扯上關係了，從方向推論下去，「寫」又似乎並不一定與「筆跡」扯上任何關係了，那麼從「寫」的角度，我們該如何理解筆跡分析呢？

關於「字」這部分，很多時候，我也會聽到以下相類似的提問：

我寫字時，在不同情況與環境下，會有不同的樣式；
我隨時也可以寫不同款式的字；
我寫的字，不時在變；
從孩童年代到長大成人，只要隨手找來一些舊物舊字，對

比一下，很明顯地所寫的字是一時這樣、一時那樣的；

那麼筆跡分析依然準確嗎？就算準確，已是過時，可知道明天的我並不一樣！

各位朋友，你的腦袋裡有閃過以上某些或全部念頭嗎？

現在，就讓我以筆跡分析的專業身份告訴你，你的想法絕對合理與正確，亦很普遍，既是如此，我們還有認識筆跡分析的需要嗎？我可以肯定的告訴你，認識筆跡分析，讓你更明瞭過往的成長歷程，如何對你有着重要的影響，今時今日，讓你重拾一些你或已遺忘的想法與才能，甚至乎是那些從未發展過的天賦才能，學會筆跡分析的技巧，讓你走向不一樣的人生。

生命從嬰孩呱呱墜地一刻開始，每天也在變化，這就是成長，生命如是，字跡也如是，在學習與練習寫字的過程裡，身體在不斷變化成長，肌動功能與認知能力逐漸增強，影響所及，雙手執筆，手眼協調，加上不斷改變的身體狀態與心理狀況，使你所寫的字有不同程度的變化。

我想讓你再思考多一個問題，從讀書到工作，我們會遇上不同的人與事，即使每每有着不同的處事方式與心態，但骨子裡的你，依然是你，所以你或會聽到父母、朋友與同事說你「死性不改」，那骨子裡的你，其實從沒有大改變，筆跡分析就是協助你，認清那條「骨」。

當然那條「骨」是會長大的，從孩童年代到成年，只是到了某個時候，成熟了長大了，再催生似乎並不容易，因為整個骨架亦已成形，往後的改變，要時間與耐心去慢慢的雕琢與微調，既是這樣，在整個骨架成形之前的日子，更為重要，這個時間，正好是孩子到長大成人的寶貴日子。

各位已為人父母的朋友，有聽過這樣的對話嗎？孩子在發燒，家中的長輩在說：孩子在「發骨節」，這是正常的現象，發燒過後，自然會長高長大。先撇開醫學角度，細心去想，面對每一次的困難，自然會有一些體會與感受，可能是正面又或是負面，姑勿論如何，總會或多或少的在心裡留下一些印象與經驗，累積下來，支撐着你的成長，同樣地，這些印記與經歷，也會通過你雙手操控的筆尖，在有意無意間，在你的筆跡上展現出來。

我有過這樣的經驗，在處理不同成年人客戶的筆跡分析報告時，我發現他們很多當時所面對的困難，大多是受成長期間的「一些事一些人」所影響，以致在心態上與處理方式上，並未成熟亦未能完善，但卻不幸地變成了今天的習慣，於是在某些情況，變得舉步維艱。我的想法是：若在孩子成長的日子，陪伴他們的家長與老師多加留意，從而輔助，或可讓他們更從容自如地面對往後數十年的日子。當然家長與老師或會有這樣的疑問，父母工作忙碌，老師要處理的學生數量亦不少，要適時地看到孩子的心事，似乎有點難度，要孩子開口說出心底話，也並不容易，在此情況下，筆跡分析就是一個方便的工具了。

說回「寫字」的問題，其實，筆跡分析要處理的範疇，並不是單單從「字」出發，我們要認識的是線條、是圖形、是空間、是力度，所以亂塗亂畫、認真地畫也是筆跡分析的一部分，那包含着書寫人如何將眼前所見的人、事與物，轉化再演繹在紙上。關於圖畫與字，共通點除了是線條外，也是圖形，於是你不難遇見有些人寫起字來，三尖八角，有些則方方正正，其實也是圖形的一部分，從筆跡分析的角度，圖畫與寫字是一體，並無違和。

所以，對於不同成長階段的孩子，我會以不同的圖畫與寫字組合的筆跡分析方式，讓家長與老師，更深入的了解他們，輔助他們，讓孩子在康莊大道上，身心靈更完善地發展與成長。

對於未有孩子、或不需要處理孩子的朋友，回看成長的歷程，與書中介紹的筆跡分析技巧，可讓你更深入地了解自己，筆跡分析絕對是成長的必修課。

另外，想事先解釋的是，本書分析的手稿，以英文手寫為主。原因之一，是本人師承英國筆跡專家公會，故希望將國際上制度化，且建基於研究結果的筆跡分析方法，與讀者分享；原因之二，在於從筆跡分析的方法來看，中文字的結構比英文字複雜很多，並不是三言兩語就可讓大眾明白，故書中較少加入中文字的分析個案。

目錄

第 一 章

看似隨意的塗鴉
是喜怒哀樂的表達
分析這些亂寫亂畫
能讀懂孩子的心底話

學習寫字的不同階段

隨意地
胡亂寫畫

還記得第一次執筆寫字是在哪個年紀嗎？我相信大部分朋友，都會想到是初到幼稚園上學的日子吧！這樣回答似乎並無不妥，原因是執筆讓大家想到的，必然是用手拿起筆桿，一筆一劃地在紙上留下痕跡。寫的內容可能是隨意想隨意寫，又或是依據老師的指引，用心地一筆一筆的學習寫出生字，可能是英文字母的、也可能是筆劃較簡單的中文字，目的就在於學習將來如何用文字作溝通，「寫字」似乎就是這樣簡單！你說是嗎？

這樣的想法，並非完全正確，因為「寫字」的起始，並非寫生字，而是手執着筆，在紙上隨意地畫，所以整個寫字

經驗，並不是從上幼稚園後正正式式地學寫字開始，而是早於幼童年代，在未學「寫字」之前，就已經開始了。你或許會有這樣的疑惑，幼年的孩子，連筆也未懂怎樣去握住，又如何塗畫呢？

不錯！一至兩歲的孩子，他們只是隨手的握着那支筆，至於手勢對嗎？大家看看身邊年幼的孩子，大可略知一二，這些孩子，隨手握住筆杆，就在紙上隨意地胡亂寫畫，畫的大概是線條、尖角，或者不同形狀的圈圈，從成年人的角度，看起來似乎沒什麼意義可言，總之就是胡亂地塗塗畫畫，僅此而已。

若再細看孩子執筆的小手，基本上並沒什麼姿勢可言，只要實際地讓他們在紙上畫出顏色，就已經足夠讓他們樂透，始終他們的年紀還小，他們用什麼筆、用怎樣的執筆手勢去寫，並不在家長關注之列。但從孩子的角度，若放在他們面前的，只有原子筆與蠟筆，他們大多會選擇用上蠟筆，原因之一是蠟筆的顏色，看來色彩繽紛，孩子自自然然地，會用上蠟筆，就算家長給他們卡通外表的原子筆，他們用上了一會兒，便會換回用蠟筆，你知道是什麼原因嗎？

說實在的，一至兩歲大的幼童，小手確實很小，讓他們拿起那支長長的筆桿，在槓桿原理下，對小手的負擔，絕對不少，累了就自自然然地轉用筆桿短小的蠟筆，較易操控，畫起來也自在順暢一點。

執筆寫字與繪畫，其實是受着肌肉運動知覺功能 (Kinesthesia) 與本體感覺 (Proprioception) 影響的其中一種神經運動過程 (Motor-sensory function)，通過手執筆桿自如地繪畫，孩子感受到執筆與用力地寫寫畫畫的力度，以及如何通過執筆移動這動作，將肌動功能的操控自動化。著名發展心理學家讓‧皮亞傑 (Jean Piaget) 的認知發展理論認為，學前是孩子的感知運動階段 (Sensorimotor stage) 與前運思期階段 (Preoperational stage)，零至兩歲的孩子運用與生俱來的行為模式，了解外在周圍的環境，到了兩歲後至七歲，已有語言表達的概念與思考能力，但未必有足夠的邏輯性，不過，也可自如地運用簡單符號去表達自我的想法。這個時期，正好讓孩子學習觀察與探索週遭的環境，而使用簡單符號的表達方式，正好通過雙手執筆塗畫的行為表現出來，漸漸地，由隨意地胡亂寫畫，轉化成有意地胡亂寫畫，這就是兒童筆跡分析的其中一環。

有意地
胡亂寫畫

從腦部神經功能發展的角度來看，這個時期，對負責轉化視覺訊息的視覺皮層 (Visual cortex)、語言訊息管理的布若卡氏區 (Broca's area)、調控複雜運動的整合皮質區 (Motor association cortex)、語言及文字記憶理解與存取的威氏區 (Wernicke's area) 與處理動作、計算和物體辨認等功能的頂葉 (parietal lobe) 的發展尤為重要，影響所及，是孩子能否有意地，將眼前所見的事物，通過控制手部的小肌肉，有效地演繹出來，成為成年人眼中的「胡亂寫畫」。

在正式學寫字前的「胡亂寫畫」，是從兩個方式表現出來

的，一是「模仿」、二是「抄寫」。「模仿」包含着仔細觀察其他人塗畫的方式，然後「照板煮碗」地塗畫出來，這動作表示了將眼睛看到的訊息，理解並轉化成肌動運動，模仿並將動作演繹出來，同時儲存在記憶內，當下次見到同樣或相類似的圖畫，記憶便能指導手部的小肌肉，以抄寫的方式繪畫出來。而這兩種「胡亂寫畫」方式，正好顯示出腦部功能的進步，亦是「胡亂寫畫」方式的成長。

關於孩子腦部的成長與發展，因人而異，始終各人身處的家庭環境不同，遺傳因素與體質各異，加上父母的教養方式並不盡同，影響所及，所以從筆跡分析的角度，我們並不容易單憑一張孩子所畫的塗鴉，就推斷出孩子的成長發展情況。我們需要知道的，是孩子的年歲，因為在普遍情況下，未正式學寫字的孩子，於不同的發展階段，所能繪畫的線條圖案也各有不同，歐美各國研究兒童圖畫的專家認為，兒童繪畫的大概情況如下：

1 至 2 歲
主要是依靠肩膊的活動，運用模仿方式，胡寫亂畫一些看似橫向與垂直的線，偶爾出現打圈形狀。

2 至 3 歲

以控制手與手指的肌肉活動，漸趨成熟地畫橫線、垂直線與圓圈，並學習模擬畫交叉。

3 至 4 歲

可以隨手畫圈。

4 至 5 歲

開始畫四方形，亦能畫面孔、五官，甚至乎簡單的身體外表。

5 至 6 歲

能畫三角形，亦能畫複雜一點的身體外表。

我們需要知道孩子的年紀，是因為我們需以同一年紀孩子的繪圖狀況作對比，看看孩子的繪畫能力，是否與同年紀的相若？又或是比同年紀的孩子畫得更多更有進步？若是如此，進步到哪一個年齡層？原因為何？是否因為家長已給予訓練？或是天生我材就是如此？抑或是比同年紀的孩子畫得少？請不用擔心，孩子的年紀還小，只要配合適當的訓練，仍是可以進步的，所以家長或老師若能早一點察

覺，對孩子的成長，必定有幫助。

既然我們知道孩童在不同的年紀，會以模仿或抄寫方式作胡亂寫畫，那些胡亂寫畫，看來沒什麼意思，除了如前段所說，配合腦部的功能發展外，還有其他原因嗎？

早在十九世紀初，幼兒繪圖先驅法國哲學家喬治·亨利·盧凱特 (Georges-Henri Luquet)，早就從兒童的繪畫進行認知心理的研究，他認為孩子最初開始胡亂畫線，並沒有什麼原因，後來漸漸加入意思，意圖表達一些意思，雖然成年人並未能理解，之後，隨着腦部的發展，孩子會將分散的繪圖概念，運用發展中的組織能力，在圖畫上歸納分類地展示出來，用來表達他們所能了解的事物，這個階段，稱為智力現實主義 (Intellectual realism)，從智力現實主義轉化到視覺真實概念 (Visual realism)，孩子學會如何將面前眼見的東西，用圖畫方式表現出來。於十九世紀末，著名發展心理學家讓·皮亞傑 (Jean Piaget) 認為，孩子描繪眼前的東西，並不單單是繪畫那樣簡單，整個繪畫過程，包含着將眼睛所看到的，與腦內記憶，以及結合其想像能力組成不同組合，其實也是智力發展的重要過程之一。

世界各地的心理學家對幼童的胡亂寫畫，有着不同的看法，儘管過往不同研究大多顯示胡亂寫畫只是智力發展的過渡期，所畫的東西，並沒有多大的意義，但義大利都靈大學（University of Turin）心理學系於 2015 年，發表了一份對幼童胡亂寫畫的研究報告，這份報告，對孩童的胡亂寫畫有着另一方向的見解，研究人員認為，孩童會通過不同的行為活動，協助他們與外在環境進行互動，那些胡亂寫畫的行為，並不是純粹讓他們的肌肉進行運動那樣簡單。要是我們留意一下，會發現身邊兩歲左右的孩子，已能表達他們的情緒與喜惡。正如之前所提及過，孩子將看到的東西，繪畫出來，研究人員的意見是：並非所有孩子都會對眼前的東西感興趣，而繪畫的目的是模仿自己所關心的父母或喜歡的老師的行為，希望通過隨意塗畫，得到他們的注意，得到父母關注的孩子是幸福與開心的，所以孩子隨意塗畫的行為，是表達喜怒哀樂與幻想能力的其中一種方式，同時亦展現了對父母與照顧者關係的想法，是溝通的方式。

圓形、
方形、
三角形

遠古時代，早在文字出現之前，人與人之間的溝通，或文書記錄，多刻劃在動物骨甲、牆壁與山洞內。這些圖畫，以不同的線條和圖形結合，顯示不同的意思，一直以來，人們對於特定的線條和圖形，以及相關的註釋，有着一種相似的印象，就算在不同國家，與不同文化體系的意識形態上，對於那些抽象的線條和圖形，也普遍地有着相同的解讀。

著名瑞士心理學家、分析心理學的創始者卡爾·榮格 (Carl Jung) 認為，在人類的集體無意識下，通過遺傳以及經驗的傳承，各種特定圖案意象影響着我們的情緒與行

為，通過繪畫，這些具象徵意義的圖案符號，正正顯示了內在的想法與情緒，而榮格先生關於性格分析的「原型理論」(Archetypes)，就是以圖像符號作深化的演繹。

一直以來，不少文獻記錄了不同幾何圖案所表達的意義，過往有不少學者，也曾就孩子所繪畫的不同線條與圖案，探討其背後的意思，綜合來說，特定的圖形，有着通用的解釋，較常見又具象徵意義的，主要有圓形、方形及三角形，現闡述如下：

圓形圖案

只要隨便在圓形上選擇一點開始，沿着圓圈上的線條而行，你能遇見的，只有無窮無盡的弧形線，當中並無任何轉折點讓你筆尖停頓或離開，若你善忘，只要稍有不慎，便可能忘掉原來的起點，不停地在打轉，你說是嗎？所以，畫圓就有着不斷循環，繼續延伸，又重新開始的意思，而走來走去的感覺，就如生性活潑好動的孩子，在公園跑來跑去，嬉鬧不停，還是開心愉快的。

圓形在符號上，同時象徵和諧與協調，所以我們會見到，

代表陰陽兩極平衡、天地一體的陰陽符號是圓形；天上行星也是環繞着太陽而運行；而自古以來，圓圓的月亮便代表着圓滿與團圓；圓形的婚戒，也有幸福團圓的意義，表達了愛無盡頭，所以圓形也意味着「愛」。再想像一下，人的臉孔也是圓的，胖嘟嘟的孩子也特別可愛，兩人面對面亦是人與人之間的溝通，這也是圓形的意思。

我請各位試試暫時放下手上的工作，跟着練習：嘗試深呼吸一下，再放鬆肩膊，然後嘗試伸直雙手，以肩膊為中心點，用手臂畫一大圈，之後再以手腕為中心點，用手腕打一個圈，方向並不重要，不知道大家有何感覺呢？輕鬆了嗎？同樣地，就是因為那個圈，讓你繃緊的肌肉，變得鬆弛，讓你感覺輕鬆自在，圓形就有着這個意義。

圓形的圖案，在筆跡上更為重要，只要你隨手拿來一本英文習字簿 (Copybook)，在二十六個英文字母內，尤其是小楷英文字母，大部分也是以圓形為基準設計，除英文字母外，英文標點符號 full stop「.」，與中文標點符號句號「。」，也是圓形的設計，表達着完結的意思。

方形圖案

古時人們以四方形代表地球與土地,《周髀算經》云:「方屬地,圓屬天,天圓地方」,《大戴禮記・曾子天圓》:「天道曰圓,地道曰方」,《聖經・啟示錄》七章一節:「天使站在地的四角,執掌地上四方的風」,《以賽亞書》十一章十二節:「他要向列國豎立大旗,召集以色列被趕散的人,又從地的四方聚集分散的猶太人」。方形上的四角,象徵地球的四個角落,也代表一個完美的城市,古代智慧認為,天是圓的,而地是方的,方形也有着土地、空間之意,並象徵完整。

四四方方的還有土地上的房屋,代表了物質。我們的雙腳踏在地上,那是實在的感覺,所以方形也有實際的意味,孩子在畫圖的時候,通常用方形描畫屋舍,表達了安全感與安穩。

方形有四個直角、兩對對稱的直線,四方形的四邊的長度相等,長方形只有相對的平行線,長度是一樣的,這樣的形容,讓你聯想到什麼?應該是小學數學堂的算式吧!不錯!是要計數的!從這角度看,方形圖與分析及計算扯上

了關係，性格上代表了邏輯與推理能力，想法四四方方的人比較墨守成規，處事方式穩紮穩打，依程序逐步行事，這才有足夠的安全感。

喜歡畫方形的孩子，想法具組織性，思路清晰，面對負面批評，十分介懷，但對正面的讚賞，十分受落，亦會為此而努力。

三角形圖案

關於三角形圖案，在畫圖上，我們大多考慮的是銳角三角形，那是指所有內角都小於 90 度的三角形。這種三角形，表示了「三重」(Trinity) 的概念，在基督教的學說，那是三位一體，即聖父、聖子、聖靈的意思，三個本位存在着平等的關係，在一體就有着無限大的意思；在古埃及年代，「三重」是由男神 Serapis、女神 Isis 和兒童神 Horus 所組成，亦代表了父親、母親及兒子。所以在遠久的年代，三角形象徵了權力與力量，當中包含着關係與無限制或沒有約束的力量。

三角形也表現了階級的意思，馬斯洛（Abraham Maslow）

的需求層次理論 (Maslow's hierarchy of needs) 將人的需求分為五個層次，並以三角形的圖樣描述出來，由下至上的逐一被滿足，表現出轉化與進步的概念。愛吃的你有留意到衛生防護中心的「健康飲食金字塔」嗎？同樣地是以三角形，表示進食的分量比例，採用了合適的進食比例，身體才能達至平衡，這些設計，並非巧合，三角形圖案是有其象徵性的。

還有，三角形的尖角是有指向性的，因為視覺的習慣是望向尖角的，就如我們看着箭嘴的方向一樣，不過，傳統的說法，向上的三角形與向下的三角形，就有特別的意思，向上的三角形代表男性，向下的三角形則代表女性。此外，古代的符號亦以三角表達創造力、融合、巔峰，與智慧的啟示，而希臘文中的 delta「△」，也是用三角表示，是改變或差異的意思。

其他圖案

關於其他圖案，絕對不少了。與三角形同一系列的有箭嘴，正如前面所說，箭嘴顯示的是方向，放眼向前，着眼在重要的事情，同時也代表力量、速度與勇氣，就如箭在

男 5歳

34

弦上，靜待出發的樣子。星星表達了優秀感、有理想、樂觀與決定性，不過對於思維並不太靈巧的孩子，要他們畫星星或箭嘴，還是有一點難度。螺旋形狀是圓形的延續，有着演變與生長的意思。至於弧形的曲線，讓人感覺到溫暖與和諧，包含女性化與溫柔，傳達着情感的。除此以外，畫交叉也頗為普遍，交叉有着多重的意義，傳統上，交叉有自我犧牲、道德批判與錯誤的含意，帶有負面性質，不過亦受着宗教的影響，交叉的圖案也代表着信心與智慧。

線條與圖案，對於年幼的孩子，尤其是二至三歲的孩子，特別重要，因為他們開始認識到，畫圖是表達情感與意思的方式，至於三至五歲的孩子，對各款圖案已有認識，在繪畫的時候，他們會有所計劃，思考如何將不同的圖案鋪排在紙上，表達他們的想法，所以通過了解不同圖案背後的意思，我們可以多一點了解他們。

左手邊的這一幅圖畫，畫有不同的動物，但動物以外，用上了頗多的三角形，地上的草、有方向性的箭嘴，與畫在紙的最高位置的屋頂，整張圖畫，甚有故事性，小小的年紀，已經是一位明白輕重，有智慧的孩子。

習字簿的
寫字練習

在學習寫字之前，孩子對不同的線條與圖形，早已熟悉，
字母與字也只是從不同的圖形與線條的組合中，演變出
來，在「圓形圖案」的部分，我曾提及過英文字母與圓形
圖案有着密切的關係，正是如此，要因應不同圖案與線條
的組合，通過筆跡去解說當中的意思，更顯複雜。無論字
母與字，看似簡單，配上孩子對不同圖形的概念，通過
小手的演繹，想法飛天，一點、一線、一圖形，孩子寫出
來的，與你看到的，因各人腦袋裡的故事與經驗，或在兩
極，未必盡同，然而卻成就了獨一無二的筆跡。

在練習寫字之時，習字簿或工作紙是最普遍使用的練習方

式，當孩子手執着筆，眼睛望着習字簿上的標準字形，一筆一筆地寫，從臨摹到模仿，再進展到從記憶中書寫出來，那是手眼的協調與腦部的訓練。與此同時，通過習字簿的練習，孩子察覺到，某些圈要畫得大一些，某些的線條要寫得長一些，某一些又要短一點，而不同程度的大小與長短，漸漸地讓孩子感受到，不同的意思與不同的情感，是可以通過不同的筆劃表達出來的。

雖然只是簡單的寫字練習，日子久了，家長們或會發現，孩子所畫的圖案與圖畫，也會有些微改變，原因是每個孩子對習字簿上所規範的線條，各有不同的演繹，也同時在學習與進化中，受着習字簿上的標準所影響，新畫的圖案或多或少有着不同的改變，這也是創造力的訓練，所以家長的首要應是要「放手」，也要「忍」。

這話怎麼說呢？讓孩子自由地探索與發揮，是鼓勵創意的方式，不過家長對於「自由」二字，總有着這樣那樣的擔心，這是正常的。我所說的「自由」，是家長坐在一旁，觀察整個過程，孩子看在眼裡，也會感受到有父母陪伴的美好，當他需要幫忙，自會向一旁的父母提出要求，這事並不困難，難就難在如何地「忍」？最常見的有：

例子一：有次友人的女兒在畫「我的家」，只畫了屋子和一棵樹，她的媽媽看到後，覺得畫中內容在安排上不對，於是要她再畫一次，並說屋與樹應該放右邊，留空左面可以加些人物，天空上可加太陽，這樣老師才會覺得好看。

例子二：阿仔剛寫完生字，媽媽發現字的垂直線特別長，告訴阿仔，這樣寫並不好看，結果阿仔再重寫一次。

其實，孩子的學習，是一個過程，過程中讓他們去主動思考，他們才能發揮創意，家長的意見太多，反而會讓孩子的腦袋變得怠慢，孩子與其費力地找出答案，倒不如坐着等，反正父母也會告知答案，用不着左思右想，到頭來都有父母安排，省時慳力，甚至可騰出空檔玩一下手機遊戲。這也是我其中一類較常遇見到的筆跡分析個案，所以在孩子練習寫字時，除非寫錯，都應讓他們自由地寫。

關於習字簿，我曾經有過這樣的經驗。曾有一位母親面帶失望的，向我遞上孩子的字，讓我分析一下孩子的字跡。她的表情明顯地代表她已認為孩子的筆跡，並不如她想像中的完美，不過還是要保險地，給我再看一遍，證實一下。看到了她遞上的手稿，我微微一笑，再詢問一下孩

子的年紀。我這樣問，是因為手稿上的字，仍是和習字簿形態相似的字。但其實，孩子也只有七歲而已，既然是這樣，這位媽媽大可安心了，因為孩子仍處於練習寫習字簿的階段中，所以從字形上，看來即使完全沒有所謂「完美」的字形，這仍是正常的筆跡表現。

我們要清楚知道，約十歲的孩子在書寫時，是為了完成習字簿訓練，孩子的字體，當然也會因應腦部發展的成熟程度，而有所不同，至於為何要在完成習字簿訓練後才能作客觀評核呢？這是因為習字簿是一個標準，也是一個規範，試想想，在規規矩矩的情況下，又怎能讓我們看得清楚呢？

第二章

從圖畫中，可以看到什麼

用什麼顏色、畫什麼內容
都是一種選擇
運用右腦的創造力
左腦的邏輯推理能力
是一項重要的鍛煉

圖畫的
重要性

孩子第一次拿起筆亂塗亂畫,是訓練小肌肉活動的開始,同一時間,手眼功能也在協調中。試想想孩子看到面前的杯很吸引,望着杯,執筆的小手在紙上遊走,畫下一些圖案,姑勿論你看得明白與否,這都是他意圖將眼睛所看到的物件,通過小手將其轉化在紙上,留作記憶。

從孩子的角度出發,畫畫是在表達心中的一些想法,與當刻的情緒,年幼的孩子,大多未能純熟地掌握字與詞語的運用,更莫說道出一句完整的句子。與父母溝通,多以簡單的單字與詞語去表達,亦多依靠父母在旁作出引導,而畫畫正好是讓他們通過執筆的小手,將思想與感覺,通過

所繪畫的圖像、圖像在紙上的位置，與所選擇的顏色，表達出來，所以孩子的圖畫，除了是肌動功能與手眼協調的鍛煉外，也是孩子溝通方式的一種。

或許父母們會有類似的經驗，孩子告訴了你，畫作上是外星人襲擊地球，那些天馬行空的概念，是想像力的發揮，也是創造力的表現，這一切更正好為抽象思維與邏輯推理能力的發展打穩基礎，所以畫畫不但運用了右腦的創造力，連左腦的邏輯推理也在同步運行。再者，選擇畫些什麼內容，採用哪些顏色，與所要表達的複雜情緒，都是一種選擇，有選擇的地方，自然會有問題的出現，有了問題，孩子就要想想如何解決，也是思考的訓練，所以孩子繪畫是一項很重要的鍛煉。

剛才一直強調繪畫的程序是如何複雜，對孩子腦部發展又是如何的重要，而在筆跡心理學上，我們更加關注的，是所畫的內容，真正的意思是怎麼樣？因為越繁忙的腦部活動，越能告訴你，那些在背後的重要潛在信息，這也是父母們最關心的──孩子的「心底話」。

為了得到更清晰的信息，有一件事是父母們需要特別注意

的，在孩子畫畫的時候，在旁的人，切忌指指點點，阻礙或限制他們，例如指導孩子星星要畫在紙的頂部，以及一定要用某種顏色，這樣只有阻礙了想像力的發揮，也打擊了孩子的信心，以這些圖畫去解讀孩子的心事，既不完整，也不準確。

圖畫的
內容

從這一張圖畫，你看到些什麼？

<u>女 1 歲半 左右手並用</u>

大部分朋友第一眼看到這幅圖畫，大多會笑說是孩子隨手亂畫，發洩一下便算，所以沒認真地看，也沒認真去想當中的意思。但我要告訴你，作為成年人的我們，或許是受着歲月的洗禮，腦袋裡永遠充斥着特定的想法，思維上有太多的「應該是如此」，結果是我們張開了眼睛，卻看不到真實，也看不懂孩子的心意，其實，這些看似胡亂塗畫的孩子畫作，正好為家長提供很好的渠道，去了解孩子的想法。

但怎樣才能有效地與孩子溝通呢？我曾經遇見過一位母親，嘗試問三歲女兒在紙上所畫的是什麼？正當女兒回答右邊有一棵樹之際，媽媽叫嚷道：「阿女你又錯了！樹是綠色，不是粉紅色的。」女兒回答着說：「我喜歡粉紅色。」媽又再強調樹是綠色，結果呢？女兒不悅地走開，留下圖畫一幅。從這對話上看，阿女有錯嗎？誰說樹一定是綠色呢？有見過櫻花樹的圖畫嗎？不過媽媽的說法也沒錯，問題在於忘記當初對話的原因，而跌入了對與錯的陷阱，失去了聽聽孩子心底話的機會，同時亦打擊了孩子的自信心。

家長們可以用讚賞與不加批判的方式，引導孩子說出當中

的含意，被讚賞是一件愉快的事，快樂的孩子自會敞開心扉，將他的大計劃告訴你。此外，若時間許可的話，家長應陪伴孩子畫畫，因為可從旁觀察孩子畫畫，對了解幼童尤其重要，因為你可以觀察到孩子執筆的情況、繪畫不同圖形與線條的先後次序、選擇顏色的方式等等，這一切都能讓你知道更多關於孩子的狀況。

狗頭（藍色箭嘴）、狗尾（黃色箭嘴）、狗腿（綠色箭嘴）

就以上面這位一歲半女童的畫作為例子，畫畫的時候，我就在她旁邊，看到整個繪畫的過程，當時，她看到了畫筆，左右手在同一時間選顏色筆，然後，各拿着不同顏色

筆在紙上畫畫，先畫上的是粉紅色的數字「1」，用左手畫在左方，力度較輕；右手用藍色在畫圈，她說是天空。她的右手有試着用過其他顏色，但最終用上了咖啡色，她在旁的嫲嫲告訴我，平時在家畫畫的時候，很少見她選擇啡色，不過這一幅圖畫，卻大量用上啡色。我問她畫的是什麼，她用手指着前面啡紅色的小狗，然後告訴我，「這是小狗的頭（見藍色箭嘴）、小狗的尾（見黃色箭嘴），與小狗的腿（見綠色箭嘴）」，畫畫的時候，正值天朗氣清，這孩子原來在寫生，將我家的小狗畫了出來。

姑勿論畫技如何，一位一歲半的女孩的行為表現與思想狀態，絕對不能被忽視。首先，她是用雙手同時在畫不相同的圖形，那是左右腦同步協調手眼運作；其二，她看到了小狗，將對小狗的情感與外形，記在腦中，然後將記憶通過右手，轉化成不同圖形畫出來，頭是圓的，尾與腳是長長的，在成人的眼內，表現雖然並不完美，但她是能將眼睛所看見的影像，以類似的形狀表達出來的。要知道要年幼的孩子畫完美的圓並不容易，原因是這需要較成熟的腦部功能，與熟練的操控小肌肉的能力，才能演繹出來，從這幅圖畫看來，這女孩的腦部發展，應該比同年紀的成熟。

此外，在空間的使用上，畫內的線條，差不多把整幅圖畫填滿，以這種方式表達的孩子，活潑好動，任何事情也要參與，要她乖乖坐着，絕不是她的本色。

如何發掘畫作背後的意思

在前一節曾提及過，從顏色的選擇，可以看到孩子的心思，在預設只得顏色筆作為繪畫工具的情況下，孩子一般會使用他們喜歡的顏色，起草或直接繪畫。一般而言，年紀小的孩子會多用暖色，年長的孩子則多用冷色，而孩子的性別，也會對他們的選擇有所影響，例如粉紅色被大多數女孩所喜愛，在圖畫上用上粉紅色的孩子，希望感受被愛所帶來的溫暖，同時亦渴望受讚賞。

很多人會將藍色與男孩子扯上關係，但其實並無任何關連，但愛用藍色作表達的孩子，特別喜歡「有伴」，有家人朋友的陪伴，能互相關心，是他們所喜愛的。至於較受孩子歡迎的顏色，是我們意想不到的紅色，在孩子的眼中，紅色表示要多多參與其中，他們需要更多的關注，所以絕對不要忽略他們；若家長們看到孩子的圖畫，習慣地用上大量綠色與黃色，這代表他們大多天資聰穎，較喜愛

黃色的是陽光孩子，較喜愛綠色的，則天生有個性也有藝術感，但需要較多的私人空間，讓他發揮，讓他想像；而用黑色去畫人像，則暗示了這個人的重要性，因為他／她就是畫中故事的話事人，黑色亦表示了負面的想法。

男 5歲

這張圖畫，畫在紙的正中，同時只用上單一的紅色，明顯地很需要那份被重視的感覺，任何活動，都不能少了他。

女 9歲

50

這張畫用上大量的藍色，主角是一隻粉紅豬豬，藍天與草地，表達出開心自由的一天，豬豬所佔的位置頗正中，顯示她希望受到關注，再加上這樣的顏色配搭，表達出有家人與好朋友的陪伴讓她感到溫暖。此外，這一張畫看似普普通通，但背後所表示的，卻有着另一種意義，在下一個章節「小豬的測驗」中，會有更深入的說明，如何發掘畫作背後的意思。

女 11歲

上頁這張畫，有月亮和不同形狀的星星，在畫紙的正中央，兩艘船在海中揚帆，分別用上了紅色與白色的帆。她正告訴你，她的目標是需要你們清楚知道那是紅色的帆（用上紅色的帆），和那是完美無瑕的帆（白色的帆），明顯地，她是一個對自己要求很高的孩子。

除了顏色，我們也需要了解圖畫的內容，是如何分佈在畫紙上的不同角落，這是關於空間使用的概念。簡單而言，靠左邊畫的圖像，是代表母性觀念較強，或是與母親關係特別親切；靠畫紙右邊畫畫的，則喜愛溝通，亦較會對新事物感到好奇。

至於在上一節，那一幅由一歲半女孩所畫，既不左又不右的畫作，該如何解說呢？畫內的主角：藍天與小狗，大大的畫在畫紙的中央，那是尋求各位注意的意思。晴朗的天氣，可以外出遊玩，遇上了可愛小狗，心情實在太興奮，所以啡色的筆劃力度特別大，代表各位要注意那隻小狗啊！

不過，家長或老師們，若你們看見孩子的畫作，留有大量空間，像是只在畫紙最下的一小角畫下細小的圖案或人

物，便要留意了，因為那是一個情緒的警號，表達了內心的不足與恐懼。

此外人像在圖畫上，佔據着重要的地位，很多時候，孩子會將自己、家人與朋友，一同畫在圖畫上，人像的大小，就表示其重要性，與在心中的地位，不過，我們也要知道人像的外表是如何？五官是否齊全？這一切涉及孩子對他們的想法與行動反應。

既然顏色、圖像的位置，與繪圖的細節，對了解孩子的想法，是如此的重要，請看看以下一位五歲男孩的繪畫，該如何理解：

男　5歲　右手

這張圖畫的主題是我的家庭，人物從左至右的次序為：媽媽、工人姐姐、弟弟、自己與爸爸。從圖中所見，媽媽是全幅畫作中，被孩子畫得最大的人物，亦用上紅色與藍色，可見她在孩子心中的重要性，孩子認為媽媽是一家之主，此外，我請各位留意媽媽那雙手，比任何一人也大，在孩子的心目中，媽媽有強勁的臂彎，什麼事情都能替他完成，所以在對話圈圈內，要送花給媽媽感謝她；工人姐姐被畫在畫的中央，代表這是一個重要的角色，工人姐姐的手比媽媽的細小，只能在日常照顧他，遇上大事，還是需要找媽媽的，不過，工人姐姐的口比任何人都大，對他永遠有說不完的話；至於爸爸呢？畫在右面的爸爸，會帶給他新奇的事物，所以爸爸被畫在右面，而爸爸的服飾，跟他與弟弟的是一樣，明顯地，他們是同一「黨派」，是玩樂朋友，所以他們是穿上鞋子，外出遊玩的；除此以外，還有一個重點，是爸爸的耳朵比所有人都大，是他的聆聽者，所以要送個心心給爸爸，而心心也是要讓大家注視的紅色，所有遊樂活動，都應該要有爸爸的參加；弟弟還是很小，他對話圈圈內，送了一輛玩具車給他，但並不知道他是否喜歡車，所以用上了黑色。

小豬的
測驗

小豬的測驗是一個坊間很普遍的心理測驗,外國有些公司會用於團隊培訓,作為自我性格檢測,在氣氛愉快的情況下,方便打開話題,這測驗是否有科學根據,或學術研究作支持,我未能確實地找到例證。

同樣的小豬的測驗,亦在筆跡心理學上出現過,雖然測驗的解說結果,與坊間所演繹結果,並不完全相同,也沒有學術研究作為基礎,但有些美國的筆跡心理學專家,在處理筆跡分析個案的同時,也會要求書寫者多畫一幅小豬,並用筆跡心理學的概念去分析小豬圖畫,之後,再與同一人的筆跡分析結果作比較,兩者對比出來的結果並沒有太

大的不同。當然你可能會問,能單憑畫一隻豬,就看出性格的全部嗎?

當然並不可以,但從外國的筆跡分析經驗中,性格上的部分特點,是可以通過畫小豬,看到這些特點的大概念,讓普羅大眾在未有筆跡分析培訓的情況下,看出端倪,至於在小豬的測驗中,可以看到什麼,一如其他的心理測驗,我會在稍後的篇章內告知你。

有興趣參與這個測驗的朋友,我請你不要偷偷翻看後頁的測驗解說,先拿出一張沒有間條的 A4 紙,隨手選一支你喜愛的筆:鉛筆、原子筆、木顏色或其他筆,喜愛又慣用的便可以,然後用十五至二十分鐘,在紙上畫一隻豬。

小豬的測驗可用於成人,亦能用於兒童,概念其實是同出一轍,在前一章「圖畫的內容」,我曾談及該如何細閱孩子圖畫的內容,當中在紙上空間的使用,尤為重要,而這個空間的使用,又正正與小豬的測驗,有着密切的關係,這是我選擇將一個尚未有科研實證,但又備受大眾喜愛的心理測驗,加入書中的原因,這讓大家從實踐中,更明白如何解讀兒童圖畫。

小豬的測驗可看到些什麼呢？

我請各位先將已畫好小豬的 A4 紙，由上而下，如信紙一樣，平均摺成三份，再由長的那邊，再平均摺成三份，完成後，紙上應該出現一個井字圖形，共有九個大小均一的小長方形，就是如此簡單 (如圖下)。

1	2	3
4	5	6
7	8	9

1	2	3
4	5	6
7	8	9

之後，各位請仔細觀察圖畫，再回答下列問題：

     1. 所畫的豬有多大？佔據多少空間？

     2. 豬的位置放在哪一格 / 哪幾格？

3. 豬的臉朝向哪一方？

4. 繪畫的力度大嗎？

5. 關於豬的外表，細緻度高嗎？

6. 所畫的只有豬頭？或是還有豬的身體？

7. 豬頭與豬的身體，哪部分較大？

8. 小豬臉上的表情是怎樣的？

9. 小豬臉上的眼睛是怎樣的？

10. 四條腿是怎樣的？

11. 除了豬外，畫上還有其他圖像嗎？

以上十一條題目的答案，加上九個長方格，該如何結合解讀呢？

我們先認識九個長方格的用途，請先看橫的三組，分別為：1 至 3 區、4 至 6 區，與 7 至 9 區。1 至 3 區屬思想區域，所有與思考與腦力有關的都屬該區域；4 至 6 區為現時狀況與人際關係；7 至 9 區是物質主義與情緒的抒發，也是生產力的表現。至於垂直的三組，分別為：1、4、7 區，2、5、8 區，與 3、6、9 區。1、4、7 區是與家庭及安全感相關的；2、5、8 區是關於現在與實際的；3、6、9 區所說的是溝通與挑戰。橫與直的不同組合，成為

了分析圖畫的先決關注條件。

至於關於小豬的十一條問題，又代表了什麼呢？小豬代表執筆畫畫的人，畫紙上的小豬有多大，就代表執筆者有多自信，既然如此，豬是否越大越有自信呢？其實，凡事也該適可而止，標準大小是一個長方格，過大就容易變成自大了。或許你會有這樣的疑惑，有些人只會畫豬頭，有些畫整隻豬，用一個長方格的標準，該如何計算？其實這問題不大，若只畫豬頭，畫中並不會有豬的身體，所以以一個長方格來計算，也是可以的。

若所畫的豬有頭有身，則需合乎比例，頭部過大的，只得空想，並沒有想過實際的可行性；身體過大的，動不了也想不了，還是努力去減肥吧！繪畫的力度與表情的描繪，是當下情緒的反映，也是在暗示自己是否有能力將想法付諸實踐，豬臉上那張開了的眼睛，是讓他（畫畫者）看得真，也要看清現實，四條腿是小豬活動能力的基礎，沒有了腿的豬，你能想像會是怎樣嗎？

對小豬有了一些看法，再將小豬畫在紙上的不同位置，就會有不同的演繹，那麼再加上剛才十一條題目的答案，你

可會想到你所畫的小豬，在告訴你什麼呢？

答案是：你的自信程度與創造力。

個案分享

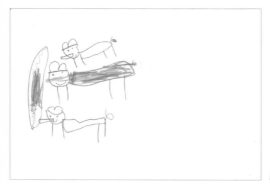

男　5歲　右手

這是一個五歲小朋友所畫的豬，共有三隻，大小各有不同，位置傾向 1、4、7 區，較集中在 1 區及 4 區內，這是一個安全區域。始終孩子的年紀還小，對於不太熟悉的事物與人物，沒有多大的信心，與家人一起還是最安全的，有留意到所有豬都面向左邊嗎？孩子的自信，來自家人的陪伴與鼓勵，所畫的豬傾向在較高的位置，代表在創造力

上，他對於抽象的想法是有概念的，不過還是要父母的認可，可見父母在他心中的地位。

男 7歲 右手

這一隻豬，佔據了畫紙上大部分位置，明顯地他是需要被關注的。不過畫豬的力度太輕，再加上四條腿中，只能看到三條在地上，第四條可能被遮擋，或因某種原因而看不到。豬的其他部分，細緻度頗高，孩子有能力去創造，只是往往在未完成前便放棄了，這並非因為懶惰，而是在懷疑自己的能力，所以父母（尤其是母親）對他的鼓勵，十分重要。

男 12歲 右手

與前一張小豬剛好相反，這幅小豬頭，在整張 A4 紙中，只佔據了中心小於一格的位置，畫出這幅小豬的人，愛活在當下，對人與人之間的接觸，甚為重視，亦擅於處理人事，只是這一刻過分謙遜，又怕難為情，在某程度上，可能是近來減少了和朋輩的接觸，感覺孤獨，於是在懷疑自己的能力。

同是畫在畫紙中央，比例合理，雪糕筒上的肥豬，頗有新意。可是，這隻肥豬只有一雙手，沒有雙腿，豬的頭部頗大，這孩子有很多想法，什麼都想去試，只是想得很大，但未有足夠自信，將想法付諸實行，父母應多加鼓勵。

女 9歲 左手

女 9歲 右手

左邊這兩幅豬的圖畫，頗為相似，同樣都有很多不同形態的豬，亦有文字的介紹。從豬的大小比較，用左手畫的那一幅比較小，即使以左上角的那一隻叫「普通豬」來看，也還是比一長方格還小，在自信心上，應該可以再好一點，不用叫自己「普通豬」；在顏色上，她選擇了橙色，橙色由紅色與黃色所組成，同樣有着紅與黃背後的意義，橙色亦代表了創造力、熱心投入與開心、力量與堅持。畫在大概 1 區與 4 區的位置，代表有能力去想像，但還是依靠眼見的例證去支持自己的想法，所以大家會見到有不同名字、不同形態與不同大小的豬出現，應該連時事也有留意的她，還畫了一隻小小的「特朗普豬」，未知各位能看到特朗普的影子嗎？不過，這一隻「特朗普豬」用上了較多黑色，連頭髮也被染了黑色，再加上眉頭緊鎖的表情，可見特朗普的形象，在她的心中，並不討好。

用右手畫的那一張，中間那一隻豬的大小，剛好比一個長方格稍大，那是一個很合理又合適的自信心，這一幅畫的豬，大部分也靠在右邊，在右邊頂部位置上，畫了一隻有六塊腹肌的豬，放在這一角落的圖像，通常極具想像力，又與現實隔絕，但並不排除「將來」的某一天，「希望」會變為「現實」。與之前的一幅較相像的，是那些

外表不同的豬，各有不同的表情，可見畫畫的孩子，熱情又愛溝通。

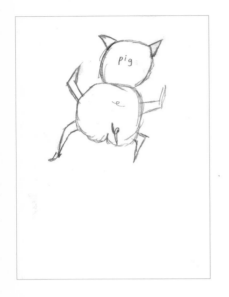

男　中學生

這是一張豬背面的畫，豬沒有表情也背向群眾，這代表他並不願意讓其他人了解他，所以選擇了只畫背面。豬的大小也算合理，同學很清楚自己的想法，自尊心亦頗強，在位置上，豬佔據了中間較頂部的位置，代表夢想、希望與現在的處境有所不同。在人際關係上，雖然表現出很少參

與，但享受與朋輩之間的交往，大家也許不難發現，有很多重複的線條出現，豬的兩條腿（右下及左下），並不對稱，那顯示了畫畫的同學，心情緊張，未能放鬆。

星星與
波浪測驗

(Star-Wave Test)[1]

星星與波浪的測驗與小豬測驗完全不同，小豬測驗只是一個民間遊戲，配以部分筆跡分析概念，而成為一個「簡單家用版」的工具，尚算達到基本目的，同時也可有「fun」。

而星星與波浪的測驗，是一個以學術研究為基礎的心理評核工具，這測驗於 1979 年由德國一位著名教育心理學家 Ursula Ave-Lallemant 女士所設計，整個設計概念建基於筆跡分析的理論與技巧。因為 Ursula Ave-Lallemant 女士既是一位筆跡心理學專家，亦是德國動態筆跡學會的創辦人，這個測驗的原意，是透過畫星星與海浪的圖案，衡量出五歲左右孩子，腦部、眼睛與小肌肉的協調狀態，估算

---

1 Yalon, D., Herbert, L., & International Graphological Colloquium. (2006). *The Star-Wave Test: Across the life span : advances in theory, research and practice*. Sainte-Foy, Québec: International Graphological Colloquium.

孩子是否有足夠的成熟程度去上學與學習寫字，同時亦是孩子認知能力狀況的測試，看看孩子能否將記憶中的星星與海浪，通過小手繪畫出來。

原理是這樣的，星星是由不同線條組合而成，就如字母F、H、I、K、Z等，也是橫直斜線的組合，而波浪的基本，是曲線與波浪線條，或部分橫直斜線的拼合，類似字母b、d、g、h等。研究員通過孩子在紙上繪畫的相關圖像，透過觀察所畫線條的質量、空間使用、波浪線條的移動情況，與畫星星時，線條的編排狀態，評估學前兒童的學習能力。

這個測試自面世以來，曾在心理學的學術研究上，與相近但又在學術界上已驗證的測試，作同步驗證與比較，不同的實證研究，證實了「星星與波浪的測驗」是一個有效的心理學投射測試 (Projective test) ，故此，自 1979 年到現在，「星星與波浪的測驗」，一直也在各項心理學研究上，廣泛使用。

上文提及過，這項檢測，是用來評估學前兒童的，但為什麼往後的日子，會在不同的年齡層上使用呢？在四十多年

的研究與測試中，研究人員發現，繪畫者在畫星星與波浪的同時，也會為圖畫添上其他圖案，這一切連同星星與波浪，安放在同一有限的空間內。繪畫者正通過繪畫的動作，將更深層次的內在性格，將個人無意識大數據庫內的資料，化成圖案，象徵化地表達出來，而這些特徵，又與筆跡分析出來的表徵相配合，同時亦符合榮格心理學理論中的「原型」及夢的演繹，以及佛洛伊德精神分析學中的部分理論。可以說，星星與波浪的測驗是一項心理輔助技巧，幫助繪畫者從正面的角度，找出更多潛在的可能性。

你或許會有這樣的疑問，學前的兒童，也許知道什麼是星星，但明白什麼是波浪嗎？

對於參與測試的學前幼童，帶領測試的指導員，會預先跟孩子對話，問他們是否在夜空中見過星星，讓他們回憶起星星的樣子，同時也引導孩子記起海洋的模樣，若他們未明白何謂海浪，指導員就需要展示給他們看，這可能會用上一盆水，潑起水波讓孩子明白波浪的樣子，再由他們發揮。不過對於較年長的孩子以及成年人，就簡單得多了，直接告訴他們，在有限的範圍，畫下星星與波浪，至於該如何去畫，就隨他們心意。

所謂那「有限的範圍」，是指在一張 A5 標準的白紙上，加入一個 15.5cm x 10.5cm 的外框，讓圖案畫在框框內，這對於專業學術研究的數據收集，尤為重要。不過最重要的一點就是，任何人都不可以就這個有限的範圍，作出任何繪畫的指示，就算畫畫的人畫錯了，又或是有所遺漏，也是他們自己的圖畫，好心的干預，反成為壞事，讓結果出現誤差。

那麼星星與波浪的暗示，告訴了我們哪些訊息呢？

遠古時代，作為黑暗中光源的星星，被認為帶着神性與神秘色彩，人們甚至將它與神話中的人物與聖物聯繫起來，表達着良知、權力、道德批判與永恆的意思，也是智慧、理智、知識與理想的表現。但《聖經‧但以理書》第十二章第三節：「智慧人必發光如同天上的光；那使多人歸義的，必發光如星，直到永永遠遠。」《馬太福音》第二章第二節：「那生下來作猶太人之王的在那裡。我們在東方看見他的星，特來拜他。」星星也代表了指引、成功感、對成就的渴望。在佛洛伊德精神分析學中，星星也代表了我們的超我（Super-ego）（編按：佛洛伊德精神分析學中，「超我」受社會規範、道德、法律、社會的潛規則支

配），屬於人性內的道德標準。

波浪屬水的流動，水一直被認為是生命之源，從生命在子宮內的一刻開始，我們便浸在水中，被水保護，隨水而動，人亦被認為是水造的。就在出生的一刻，生命也隨水動而誕生，所以波浪象徵了環境、滋養、生命與重新的意義。

遙望大海，平靜無痕的海面，讓你身心舒暢，一瞬間，海面刮起大風，捲起巨浪，有時候可吞噬小艇，有時候只能濺起浪花，這就是波浪。波浪的動態，只屬短暫，因此，被認為是我們情緒的起伏與變化。在榮格心理學理論中的原型，大海也代表了集體無意識與母系的意思。

從以上星星與波浪的啟示，我們理解到那是理性思維與情緒相交的關係，重點在於平衡，即是說理性思維與感性情緒之間，是否在畫內達到合理比例，畫紙上的星星與波浪，哪一部分所佔的面積較大？

除了在比例上的安排外，畫紙上空間的使用，也相對畫小豬的測驗來得複雜，小豬的測驗只有九個不同的區域，而星星與波浪的測驗有不同層次與較深入的區分，也有不同

理論作支持，我選擇部分容易讓人明白的作分享。

最基本空間分佈，是分左與右兩邊，左邊是關於母親與過往，而右邊則是父親及將來。另一個演繹，是畫紙上的四個角落，代表生命的不同時期，以最左下的角落為起點，順時針方向看，依次是童年時期、青年時期、成年期及晚年。

與此同時，左下角記載了早年一直被抑制的記憶；左上角又反映了繪畫者的內在心聲與才智，亦或包含抑壓着的理想與願望，也是榮格理論原型之中的阿尼瑪 Anima（編按：在男性心中無意識的女性形象）；右上角是用哪些方式表達自我的價值，這包括了如何努力實踐以達成自己的目標；右下角是生活的基本與日常，從馬斯洛人類需求五層次理論 (Maslow's hierarchy of needs) 看，若基本需要不被滿足，人是沒法成長並昇華至其他階段。

男　右手　7歲

要在一張圖畫內，了解這一切，似乎有點複雜，就讓我從不同的圖畫中作簡單解說。以上這一幅圖畫，是由一位七歲男童所畫的，星星與波浪明顯地分別佔據畫紙的不同位置，星星集中在畫紙頂部的三分之一位置，波浪則靠近底部，兩者之間留有空白，所以星星與波浪看似並無任何關係，這是正常的現象，亦是五歲至十歲之間孩子的成長特點。之前曾說星星象徵理性一面，而波浪代表了情緒，兩者的融合尚在進步中，一般在八歲左右開始收窄，研究數據顯示，女孩子較男孩子稍快融合，在思想上比男孩早熟。

男 右手 12 歲

這一張畫，約四分之三的畫面被海洋與波浪所佔據，是一種頗情緒化的表現，海面的波浪看似平靜，但海中空白地方較多，是潛藏在內心又尚未揭示的情感。靠左上角的一片土地，是一個安全的避風港，似乎是來自對母性的安全感的渴求，頂部正中心的星星，正向上升，代表他是一位有夢、有智慧，也有文化修養的孩子，家庭對他在精神上的支持甚為重要。

男 5 歲

上圖星星與波浪相距很遠，代表尚未能學懂如何磨合與融合理性及感性，這是思想未成熟的表現，在五歲孩子的畫作中出現，非常合理。

右頁各位看到的，是一張被電腦調整過的圖畫，只因畫畫的力度太輕，印刷出來並不容易被清楚看見。這是一幅很有動感的圖畫，只是畫的力度過輕，以致出現「心有餘而力不足」的情況。畫紙的中心點，是一個非常重要的地

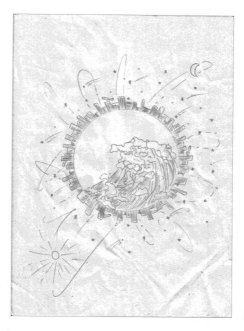

女 右手 13歲

方,代表自我內心的想法,亦是個人推動力的重要脈搏,
見到中心的巨浪嗎?中心外圍圖案代表繪畫者充滿藝術創
意的力量,可惜圖案不與畫紙四邊相連接,留有空間,或
許是一直以來,在成長期間習慣了受規範,家長與老師可
多加鼓勵,讓她更有自信地做喜愛的事。

男 右手 12歲

星星與波浪之間，較為重要的是兩者的平衡，這一幅由一位十二歲男童所畫的圖畫，比例上雖不是完美，但也算恰到好處。很多時候，畫畫的人除了畫星星與波浪之外，也喜歡加一些裝飾的圖案，這些圖案，有些是有意義的，例如這幅圖畫中的帆船，通常會出現在青少年或成人的圖畫內，船暗示一個生命旅程的開始，是滿載希望的，這與帆船所在的右上角的位置，正好相配合，組成了一幅很正面的圖畫。

女 右手 成人

在星星與波浪的測驗，標準的夜空與海洋區域是 1 比
1.16，這一幅畫與前一幅畫比較相似，也是表達了較符合
標準的夜空與海洋區域比例。同樣地，也是加上了裝飾的
圖案，月亮的出現，是表達了母性溫柔的一面，這是與生
俱來的，所以被畫在左上角，不同形狀的星星是創造力，
星星是可活動的，跟海浪一樣，也有節奏感，是內在心態
上平衡的表現。

從筆跡看出孩子在想什麼

第三章

想什麼

什麼樣的字形
怎樣的力度、斜度
都代表着「我」在想什麼
「我」是如何思考的

Chapter 3

筆跡分析的
基本概念

字形

從孩子執筆亂畫開始，到逐步掌握曲線與直線，然後是圓圈，再將線條與圓圈，用不同的方式拼湊組合，形成英文字母，便踏入了寫字的生涯。生於不同年代的孩子，或都會用上當時出版的習字簿，學習書寫英文字母，這簡單的二十六個字母，看似相像，但在線條細節上不盡相同，這正正顯示了「當年」的社會的字體標準，所以寫出來的字形，大體上會出賣你的年齡。

除了不同年代有不同的標準字形外，在哪個國家學習寫

字，也是有影響的，始終文字的形態，也包含着當地的文化與思想模式，所以雖然同一個英文字，但寫出來的字形，也會帶着「本土意識」，這是需要注意的。

現在的孩子，並不一定以習字簿學習寫字，但至少也會用上工作紙去練習寫字，姑勿論用哪個形式去練字，英文字母還是有一個標準的樣子，筆跡分析就是要找出所寫的字形，與習字簿或工作紙上那些標準字形，有何分別與原因為何？

因為年幼孩子所寫的字，是用臨摹標準字形的方式而寫的，所以並不容易在兩者中找出差異。到八歲至九歲左右，因應心理性肌肉運動功能的發展較為成熟，是學寫英文潦草的最理想時間，同樣地，也受限在「標準字形」之中，寫出來的字形，尚未能完全地散發出個人氣息。不過當寫英文潦草漸漸變得熟練，個人的寫字風格，也會慢慢脫離標準，形成個性化的筆跡，字的形狀與大小，亦漸趨一致，大致上，整個執筆寫字的行為習慣，與那獨一無二的筆跡，大約會在十歲才完全穩定。

在上一章中，我曾談及線條與圖案，都帶着深層次的象徵

意義，這種概念，並沒有因為停止了繪畫活動而結束，反之透過筆尖，以寫字的模式演繹出來，這促使二十六個英文字母字形，產生更複雜的變化。簡單地說，字的形狀主要分為四大類別：圓形、三角形、方形、與線形。

圓形字形是指寫出來的字，有很多彎曲與弧形的線條，看起來較圓，或是字的底部如杯子狀 (見下圖)。寫圓形字的人，看重情緒與感情的表達，從母性出發，帶着熱情和人相處，對人與人之間的交流非常着緊，亦對被愛的需求甚為殷切，感情上依附他人。圓形亦是一個表達自我 (Ego) (編按：佛洛伊德精神分析學中，「自我」指人格的核心，也是人格的執行者) 的符號，所以在行為上，比較自我中心。

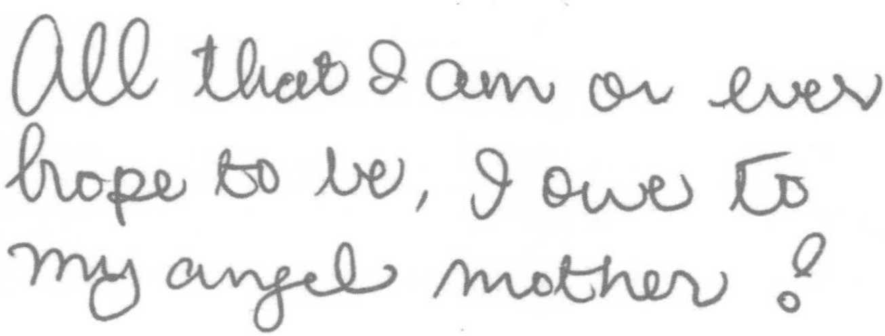

圓形的字

三角形字形所指的，是字形上比較多「起角」的情況（見下圖）。三角形是力量的表現，具侵略性，會批評別人，有着濃厚的競爭意味，亦包含了雄心壯志，與遠大理想，對人際關係，並不太關心，也顯得冷漠，著名例子有美國總統特朗普與前納粹黨領袖希特拉。

NOBODY HAS BETTER RESPET

三角形的字

從外表上看，字的底部寫成像直線模樣（見下頁圖），就是方形的字。方形是由方向不同的橫直線所組合而成，看起來欠缺了彈性，要寫一條完美的直線，並不是想像中容易，那是需要專注與努力操控筆尖，但速度要慢，才可完成；在方框之下，想的也是四平八穩實際的事，有原則、有程序，也有傳統規範，不過在規範之中，並不容易表達個人情感，還是保持獨立持平為上策。

Follow the rules or

Follow the fools

方形的字　男　右手　13歲

大學電影研究碩士，
。方於2017年獲香港教育

方形的字　女　10歲

	敬	邀	本	年	參	加	校	友	會	的	師	兄	姊	，	並	感	謝
長	及	老	師	抽	空	參	與	本	次	晚	會	。					
	本	次	晚	會	將	有	「師	生	小	劇	場」	供	嘉	賓	欣	賞	，
演	的	寫	環	繞	師	生	之	間	的	日	常	，	讓	嘉	賓	更	加
解	本	校	的	師	生	關	係	及	「醫	傳」	。						
	另	外	，	此	次	晚	會	还	有	「新	生	歌	唱	演	出」	，	司
讓	嘉	賓	听	到	悅	耳	的	歌	聲	外	，	更	可	以	讓	新	成	員
加	認	識	彼	此	。												

方形的字　女　13歲

線形的字形，較少在年幼兒童的筆跡上出現，因為線狀字形的形成，是與腦部的成熟程度相關，那關乎了思想速度有多敏捷，與對外環境反應的敏感度有多快。若這些字形是在青少年時期出現，很大可能是家庭上的衝突，對孩子產生了影響，家長或老師們便要多加注意了。

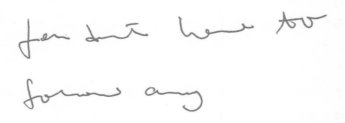

線形的字

力度

無論你用哪一種力度去寫字，紙上還是會留有墨水的痕跡，深色與淺色的字，並不是由寫字的力度所造成的，筆尖在紙上所停留時間的多久，才會造成深淺度不同的字。寫字的力度是指筆尖按壓在紙上所留下的痕跡，所以只有

通過原始的手稿，才能評估寫字的力度，任何影印或高清相片，絕對不能讓你做出客觀的評估。

在筆跡心理學上，力度並不是一個固定的概念，一般情況下，我們寫字的力度大多數是穩定的，只是在不同情緒的影響下，會有不同的變化。舉例而言，作文題目是學校旅行，十分好動的孩子，對郊外到處跑跑跳跳，吃喝玩樂，甚感興奮，要他們在文章上描述當天的狀況，全情投入的他們，寫起字來，力度必定有所加大，比平時所寫的字重手一點，是因為開心快樂，實在難以掩飾。除了情緒以外，身體的狀況，也會影響寫字的力度，病到氣若遊絲，連執筆也無力，難道我們仍會認為還有力寫字嗎？所以力度反映了書寫人的情緒與精神的狀態，亦顯示了書寫人的意志強弱程度，不過在大部分情況下，我們的寫字力度還是穩定的。

至於該如何衡量力度，方法很簡單，將已寫字的手稿反轉，用手在紙上掃一掃，看看你能否感覺到寫字的痕跡，若什麼也摸不到，那表示力度很輕；相反地，若每一個字的筆劃，都清晰地在紙的背面上凸顯出來，情況就如你不需要翻看紙的正面，也能從紙的背面，觸碰到每一個字，

明白到書寫人所傳遞的訊息，那便表示力度很重；至於平均的力度，就是介乎兩者之間。

曾經有幾位身為母親的朋友，不約而同地向我申訴，說用盡所有方法，也未能令孩子自動自覺地努力溫習，結果用了利誘的方式，即是說：將學習成績與禮物或金錢掛鈎。只有這樣，才能使孩子發奮努力，但這方法效力並不持久，到了下一次測驗或考試，又要再加籌碼，如此不斷循環，漸覺自己的教養方法大有問題，這似乎讓孩子過分追求物質了，於是她們給我孩子的字，讓我看看會否有其他更好的方法。

在看到孩子的字之前，我已大概估計到，這與寫字力度有所關連，不同的字跡，看起來有不同程度的深淺顏色與筆劃的粗幼度，可是共通點卻只有一個，就是力度屬於輕力。這個類別的孩子，不用功學習的其中一個原因在於「逃避」，要他們面對面前的考試或測驗，他們會想像着困難何其多，縱使努力，也未必有成果，既然如此，倒不如早點放手，輸了也只是懶惰，反正父母也是這樣說。這種態度，其中一個原因是從小到大，遇上了大大小小的不如意，一些想法與意見無法在父母或老師面前順利表達，

未能好好建立信心，引致未開始做，便舉起了白旗，亦放棄投放任何精力在面前預計了的困難中，家長們要好好留意。

另一個可能性是孩子比較情緒化，喜怒無常，為免投入時觸碰到更深的情緒而引致緊張，所以選擇減少參與，點到即止，在精神上，是因為不足的意志力與過分靈活的頭腦並不配合，以致未能專注同一事物所引起。

那麼力度深，又有何意思？

剛好與力度輕的相反，力度深代表過分投入，因為超強的意志力，使他們認為凡事都有可能，他們大多有着無窮的精力，鍥而不捨地堅持把事情做完為止，絕對是勤力一族。他們享受處理困難的過程，面對用這樣力度寫字的孩子，父母們大可放心，亦可放手自在，不過，若是力度過深的話，就需要注意，過分堅持就是頑固，若頑固只是性格的一部分，也並不是大問題，只是當過分堅持到極點，換來的會是競爭、敵對、憤怒與挫敗感，進而變成一個壞脾氣的孩子，家長們便要好好關心孩子在情緒上的變化。

斜度

寫字的斜度，是身體語言的一種，表達着「我」與「你」的關係。

斜向左面 (Left) 代表了我，右面 (Right) 是你，兩人之間的距離，就是你如何將自己在人際關係的位置上定位，定了位，清楚自己位置以後，你的待人態度，自會表現出來。態度是表面化的，會因應所面對的人有所不同而改變，不過，你和他人的距離卻不會因此而改變，因為你依然是你，這是你個人的選擇。

左與右是我與你之間的距離，當中又以不同斜度，表達出對二人關係的參與及投入程度。字的斜度靠左，等同將自

己留在自己的區域。在自己的地方，自己的山頭，當然是「我」最大，這個位置亦是最安全的地方，只是要離開安全區域時，心中的不安，便會跑了出來。對於要參與「安全區」外的人際交往，他們顯得不太願意，也感到不舒服，因為他們的思想角度，也是從自身出發，要是想得太多，便關上心門，外人並不容易明白他們的心意。

而寫字的斜度靠左的人，大多是謙虛有禮，性格文靜內斂，處事時做足本份，為的是要知道自己所涉及的項目，方便自我監控，減低風險，這全因他們想多了，在某程度上，可說是理性思維，掩蓋了自然的情感表達。

男 18歲 斜度靠左的字

當然，靠左的斜度也有程度的分別，有些嚴重靠左的字，看起來非常靠近單行紙上的底線線條 (Baseline)，看似扁平，能寫這樣斜度的人，對人的信任度很低，凡事只信自己，在事事憂心之下，於是選擇放棄，在外人的眼中，他們十分懶惰，但他們只是自己怕受傷而已。

若靠左的字在青少年時期出現，那反映了孩子正處於事事也被批評的狀況，這些批評與責難，多來自他們身邊的成人，例如父母、老師或近親。面對他們的指指點點，孩子極度不滿，對他們來說，最合情合理的處理方式，就只有反叛，或許你會問，那為什麼在筆跡的表達上是向左，而不是向右呢？

這並不難去理解，西方的寫字習慣，一向是從左至右的，向右就是順勢而行，習字簿上的字，一般也是垂直，或是微微向右傾，這也是一個「規矩」，也代表了傳統，而向左傾的字，完全不合乎規則，擺出一副「你定的規例，我要聽從嗎」的樣子！這就是在無預警下，字跡漸傾向左面的原因了。家長或老師們，有遇到這樣的孩子嗎？

寫字的斜度向右的，情況會是怎樣？

天	天	向	上
修	身	正	心
復	配	天	地

男 19歲 斜度靠右的字

在「我」與「你」之間，寫字向右（代表「你」）的人，他們帶着熱誠，投入人際關係的領域，因為人與人之間的交往，帶給他們的是情感上的滿足與安慰，可以說他們是較感性的一群，會很直接又熱誠地，表達他們的情感與想法。感受如何？他定一一告知你，甚具誠意。只是外人聽起來，或許覺得是情太多，但理很少，理由很簡單，他們往往以主觀的感覺先行。合理嗎？他們並不在乎，反正說了出來，才可釋放心靈上的空間，看到了你回禮般的反應，人才可以放鬆，這就是他們的本性。

當然，將開心的感覺一同分享，同笑同哭，也是不錯的，只是倒霉地，遇上了山洪暴發般的憤怒時，大家還是退避三舍，走為上策，這也是他們的真性情。不過他們的真性情，有時候卻讓你覺得他們有點不負責任，因為憑感覺而行的情況，或多或少也欠缺周詳的考慮與理性的分析，給人一個魯莽的印象。

以上提及的優點與缺點，有着不同程度的分別，斜度越右，情況自然會越嚴重，不過稍稍向右斜，以逆時鐘方向計算，角度不少於 70 度的，為上佳也相當合理。

really good at what he's doing with expert knowl[edge]
he's just being a bitch and the biggest proble[m]
he's unempathetic at all.

One example is that, last week when my dearest
feeling really unwell and doctor told ~~to~~ us
need an operation in her brain. I immediately
that, while Sunny teased me about being
and childish without saying a word to go

除了「向左走與向右走」的斜度,寫出來的字,垂直在
90 度左右的,不用多說,字體端正,如同穩坐紙上,這
是「我」與「你」之間的中間點,不偏也不倚,公平就是
他們最看重的事情,有着豪俠的氣概,對於不平等的事,
只要能合情合理,又具有邏輯性的,他們定會挺身而出,
多做事爽快,亦重視信用。不過從外人看來,或許會覺得
他們冷漠,因為他們並不會隨意表達自己的情感,或多或
少是因為他們認為,表達出來的就是承諾,所以對自己的
行為較為抑制,一般來說,他們多守規矩,也有紀律。

在作任何決定之前，他們會拿起手上的天秤，「翻箱倒櫃」地查看每一個細節，他們擅於觀察，並將事情的利弊一一分析，務求在理性中找出平衡點，他們或會是多多理論的「長氣袋」。

那麼或左或右的又如何？

左右搖擺的，是猶豫不決的「表表者」，他們有很多不同的想法，也有個人的喜好，只是要關注的人和事太多，加在一起，便在心裡糾纏起來，越是想不通或想不到方法，便因應外在情況而改變主意，或改變態度，在掙扎的途中，消耗不少精力，身心疲憊，精神上也多較為緊張，外人看來，還以為他們是見風使舵的機會主義者。

這樣的寫字方式，並非無因，很可能的情況，是在成長中所面對的人，永遠有着不同且差別很大的說話、行為與態度，又或是父母之間較常有磨擦，為孩子的無所適從，不知站在哪一方，久而久之，唯有不作決定，不下承諾，亦不清楚自己的想法，若這一切成為習慣行為，便值得關注的。

一直以來，筆跡分析的基本，是一個四維的概念。所謂四維，其中二維是指橫與直，那是寫在紙上，看似是平面的字；第三個維度是深度，即是寫字的力度，是指筆尖壓在紙上的痕跡；最後一個維度是寫字的時間，那顯示了當刻的情緒，亦讓我們從不同時期所寫的字，找出成長的進程。所以整個筆跡分析，我們要留意要理解的筆觸，實在不少，在這本書中，我選擇了對家長與老師較需要看重的字形、力度與斜度，作重點分享，因為這些筆跡，在孩子的不同成長階段中，給予父母與老師們較為重要的訊息。

從認識「我」的存在到「自尊」的建立

由出生的一刻開始，幼童透過雙手與接觸外界的反應，感受到萬事萬物的存在，有時候雙手還會捉摸自己的身體與面孔，感受着自己的存在，但對於「我」這個概念，還未真正的存在。著名的發展心理學家艾瑞克森 (Erik Erikson) 說過，兩歲至四歲，是自我的建立階段，兒童大約從兩歲起，才開始真正認識到「我」——這個「自己」，他們或許會告訴作為父母的你：「我是一個好孩子」，「我喜歡自己」等，這些對自己帶有情感與價值衡量的說話，是通過與父母與親人的接觸與溝通，一步一步地建立「我」的自我價值。這個價值觀，可以是正面，也可以是負面，英國發展心理學家約翰·鮑比 (John Bowlby) 認為，幼童與較

親近的照顧者的關係，所產生的安全感，有助兒童的情緒發展，好讓這個「我」能自由地向外探索，找出自我的概念。

在筆跡分析的層面上，這個「我」的概念，就只得一個大楷英文字母「I」，看似非常簡單的筆劃，但當中所表達的智慧，說真的，一本書也寫不完。簡單地說，「I」字的筆劃，不論是正楷或是潦草的寫法，都表達着這個「我」，如何分別受着「父」與「母」這兩個角色的影響，正如約翰·鮑比所說，父母與子女的關係，為兒童產生不同程度的安全感，這種安全感，儲存在「我」的潛意識內，這對往後的個性發展，與自尊的建立，一直產生作用。

這個「我」，暗示着生活中遇上的和諧，或令人不安的元素，也表達了「我」在生命中遇到，最重要的女性形象與男性形象，以及如何通過相交的關係，影響着「我」現在的行為與態度。

這個「I」字，中間的部分，是自我的核心，是「自己」，頂部代表母親，或是在「我」心中，擔任母親角色的人，相對地，底部屬父親，或擔任父親角色的人，總之就是生

命中影響着「我」的重要人物。不少心理學家認為，父母擔當着協助孩子建立自尊的角色，當然現實生活中，並不是只有「三人行」，「三人行」是父母如何的養育「我」，讓「我」得以成材，同一時間，也將父與母的行為態度，傳承給「我」，當中有遺傳因素的影響嗎？這個原因我並不排除。

說回現實，人每天面對的都是人與人之間的交往，所以這個「我」，並不是單獨的存在，因此，當「I」字寫在紙上時，我們還要考慮這個字母，是如何被安放在紙上的空間，與附近字母的關係是如何？這表示了「我」與外在環境的關係。

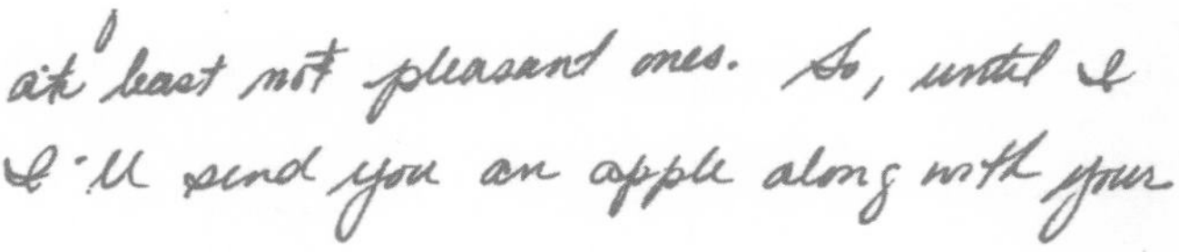

ait least not pleasant ones. So, until I
I'll send you an apple along with your

「I」字與其他字的距離稍遠，書寫人似乎對自己與其他人的交往，有所保留。

就以上圖為例，「I」字在第一行最尾的一個字，與第二行的第一個字，看似與我們一直所寫的不同，因為這是由一

位愛爾蘭籍的女士所寫的，她所學習的習字簿，與我們一直在寫的，有所不同。這個「I」字的寫法，是頗為傳統的，開筆是由靠左向上，向右延伸後再向下，形成頂部，之後，在中區域的底部，稍稍向左而上，然後橫筆往右完，這個寫法，看起來藝術感較重，是文化與藝術的愛好者的寫法。以第一行的那一個「I」字為例，垂直的部分，是自我的形象，並由底部的兩個小圈（即父母）所擁抱與支持而成長，成為了有自我思想的獨立個體。就字的距離而言，相比其他字，這個「I」字與其他字的距離稍遠，加上寫字的節奏屬控制形，書寫人似乎對自己與其他人的交往，有所保留，這個「I」字最左面，那微微的小角，正給了你重要的提示。

I has short hair.
I get up half past
I go to bed half
I have lunch half past

男 8歲

左頁圖由一位八歲男童所寫的功課，這是一個最基本的「I」字，同樣地，頂部與底部的橫線，代表了父母，中間垂直的一劃，才是他自己。你看中間那一劃的高度，與旁邊其他字的高度相若，字的大小也有 10mm 多，字與字的距離雖然較遠，但上中下三個區域發展得不錯，這孩子有着健康的成長，良好的自尊確立，你看他與父母那緊緊相貼的關係，就不會懷疑了。

我家的孩子
在想什麼

在第二章，我們透過一幅，由一位一歲半的女孩所畫的圖畫，看到了孩子在未能應付複雜性的語言與文字之前，就已經懂得通過繪畫，表達自己的想法，這種能力，似乎是與生俱來的，而每位幼童的表達方式，也各有不同。在成長的過程中，父母與老師也許只能透過與孩子日常生活的互動，明白與理解孩子的想法，在某程度上，還是在預估的狀態，只是在密切的接觸下，還是有一點肯定，多了一份安心。

在筆跡分析上，兒童與成人的重點，略有不同，除了同樣了解性格特質，與產生不同字形背後的故事外，兒童筆跡

分析所強調的，是與同齡孩子的比較，因為因應腦部與身體機能的發育程度，不同年齡層的孩子，有着不同的表現，兒童筆跡分析也是遵循這方向而行的。

思考方式並非只是「思考」那樣簡單，孩子如何作決定、如何表達、採用何種方式去處理論證，以及當中所涉及的情緒等等，都在我們考慮之列。瑞士著名的認知心理學家讓‧皮亞傑 (Jean Piaget) 認為兒童的思維發展，是由孩子與生俱來的性格，與外在環境相輔磨合而成，這種思考模式，對日後孩子待人接物、情緒發展與價值觀的建立，有着重要的影響。

筆跡心理學，就是通過筆跡，解答在成長環境上，遇到的人和事，對個人成長的影響，那包括了性格的形成與往後的改變，所以，對於孩子的心性發展，我們必須要認識他們的思考方式。

簡單地說，孩童的思考方式，有以下幾大類別：

求知探索型

第一類是求知探索型。有留意廣告的你，或多或少會對某間保險公司，於每年暑期所推行的小太空人訓練計劃，當中的口號「It is possible!」留有印象。不錯！It is possible 就是這類孩子的特徵，他們的好奇心特別重，也是一個「每事問」，這件事情怎樣發生？為什麼發生？何時發生？等等，全部都要知道。他們甚至乎作出多項假設，務求找出「真相」，對於他們鍥而不捨的態度，在成年人的眼中，或可能會感到厭煩，但他們那種與生俱來的求知慾，加上他們的腦袋，能自動將收集得到的資訊，重新作分類、整理，再計算衡量，從而產生了他們認為那「滴水不漏」的結論，要知道問題能夠解決，是讓他們樂透半天的事情。他們的分析能力頗強，思考的「轉數」亦快，只是很多時候也是對事而不對人，於某程度上，表現得冷漠，誤導了身旁朋友對他們的印象，最終影響了社交關係。在家庭與學校生活中，正常的情況下，他們會是一位優秀的學生。

求知探索型的筆跡，會是哪個樣子？

講求「求知探索」的字形，多屬先前於「字形」一節內，所提及的三角形的字形，寫三角形字形的人多有理想，分

析力很強，不過亦因競爭心態較為強悍，所以為人看來較高傲與冷漠，知心朋友亦不多。雖是這樣，家長們並不需要太擔心，因為這種字形，並不常在兒童的筆跡上出現，能寫成真真正正的三角形字，並不會是一時三刻，而是需要些歷練的。

與三角形較相近的，又有可能在孩子身上出現的，是「起角」的字形，主要是在英文細楷字母 m、n 與 h 等頂部有弧形的線條上看出來，這些如蓋狀的弧形，在「起角」的狀態，就成為尖頂狀，若是寫潦草的話，底部字母與字母之間的連接位置，也會呈尖角的形態。此外，以一個字母分上區域、中區域與下區域三個部分計算，上區域相對其他部分較長，一般來說，字是窄窄長長的樣子，若是潦草 l 或 h，他們通常也在頂部也形成了一個尖尖，在寫字的斜度上，通常也是 90 度，或是微微向右傾的，情況就如下圖：

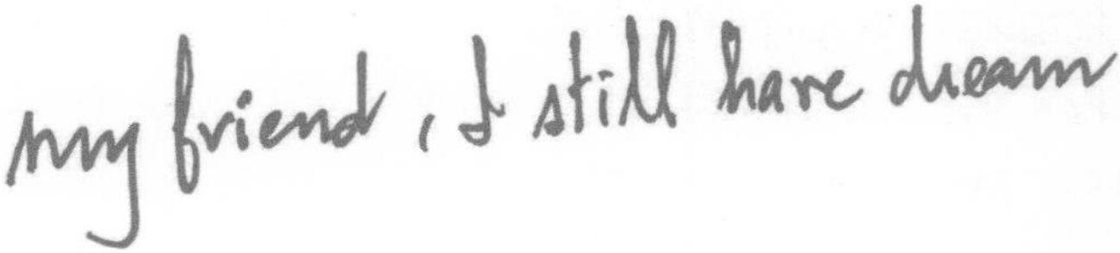

my friend , I still have dream

男 11 歲 求知探索型

m a god I am a river I use
I am beyond I was I'm o

女 13 歲 求知探索型

邏輯推理型

第二類是邏輯推理型。這類別的孩子,思考速度並不是很快,因為他們要慢慢了解整個事情的前因後果,再在自己的記憶數據內,尋找與此相關或相類似的經驗,然後一一作參照與對比,這個過程或需要重複數次,直到自己完全清晰為止。之後他們會總結一個具邏輯性的理據,並且有條理地展現出來,某程度上,他們的思考模式與求知探索型的較相近,同樣是上區域較其他部分長,英文細楷字母 l 與 h 的圈圈比較瘦長,間中或有「起角」的情況。不過,英文細楷字母 m、n 與 h 等頂部,就維持着弧形的線條,所以他們不會刨根問底,只會從已認識的角度去分析。與求知探索型最大的不同,是字母與字母之

間的連接相當緊密，因為邏輯是一步一步的去推敲，時間的長久，對他們來說，從來都不是重要的事情，慢工出細貨，才能讓他們徹底而全面地了解清楚，亦正因如此，他們能理解旁人的感受，在要作決定時，也將人的因素，一併計算在內。

Now I'm writing to tell you the
plan for the next class.
Actually I am very fond of

女 10歲 邏輯推理型

全效型

相比邏輯推理型，全效型的處事速度快，很早便看通事情的重點由來，然後待機出擊。他們有着和求知探索型相同的求知求真態度，不過對於要自己去慢慢地逐一細節去分析，他們會顯得不耐煩，原因之一在於他們認為有大概的方向，自可作出決定；其二是他們的思想觸覺十分敏銳，

他們可以在很短的時間內，在腦子內抽絲剝繭，找出核心資訊，所以他們的反應可以快，與時間競賽，是他們的傾向。

讀到這裡，或許你會有這樣的疑惑：這不是成人的性格與態度嗎？我的想法是：要形成這樣的性格特徵，是需要一些歷練的，那就是說，孩子已經跳出了標準傳統的一些規範，成了獨立的個性，這種情況，並不會在小學時期出現，最早也可能在初中的後期，父母們並不需要過分擔心。

這類型的孩子，在筆跡上，一般有這些表現：

在某程度上，與求知探索型的有點相像，求知探索型的其中一個筆跡重點，在於英文細楷字母 m、n、k、l 與 h 等的頂蓋部分，成為尖頂狀。在全效型上，那個尖頂，來得較深，甚至乎偶爾會出現看似重筆的樣子，不過字母底部的是連接線條，沒有尖底的情況出現，這是因為他們覺得，既然已經知道原委，結果也許可以較肯定的預計得到，為免浪費時間，那就不用再作詳細分析了。

此外，他們所寫的字，大多數也是很簡潔 (Simplified) 的，即是字的樣式，與邏輯推理型那十歲女孩的字例，完全不同，沒有開筆時額外增加的筆劃，例如第一行 writing 的 w 字，在十歲女孩的字例上，開筆時是有一條額外的小線。一般情況下，全效型寫字的速度頗快，有時候，某些字或會讓人看不清楚的，但總體上，也是整整齊齊的寫在紙上。

look back on passage

男　大學生　全效型

相信不少家長，都十分重視家中孩子的學業情況，以上各類型，也可以說是有智慧的一群，但很多時候，我也會聽到家長的投訴，就是孩子恃着有小聰明，就變得懶惰，隨隨便便的，交到功課，又能考試合格便算，要他們加點力，用功一點，確實有點困難。究竟有沒有天資聰穎、勤勤力力，又愛讀書的孩子呢？他們的筆跡會是哪個樣子？

跟之前所談的幾個類型一樣，「起角」的頂部、修長的字

形、簡潔的線條，與稍微將字母連在一起的底部連接線，依然存在，只是再增加了幾個特點：所寫的字比較細，以英文細楷字母計算，高度應少於 8.5mm，能寫小字的，觀察能力較高，做事仔細，心思細微。此外，他們對於標點符號，要求很高，就算是英文細楷 i 字與 j 字的那一點，也要求在同一位置，從不偏離，可想而知，他們有多堅持。下圖是其中一個樣式，不同的孩子或有不同寫法演繹，只要能達到剛才談及的特徵便可。

for the next few days, he would allow
himself only to look at it, but never to
touch it.

女 右手 16 歲 勤力的全效型 真實大小為 4mm 左右的字

無所謂型

相對以上各類型的孩子，也有一類屬「無所謂型」的。這類別的孩子，最好不用他們去想去做，問他們喜歡與否，

還是附和大部分人的選擇便算，硬要他們表達意見，最多也只會得到流於表面，遊花園似的答案，其實花園在哪？他們根本並不知道，亦毋須費力關注。他們最討厭的事情，就是要作決定，吃力得來又不討好，還是由其他人作主，樂得清閒便算。別以為他們無所事事，便會全力做自己喜愛的事，他們的興趣並不多，倒不如舒舒服服又過一天。

這樣性格的形成，大概有兩個情況：首先，父母或許工作太繁忙，未有時間照顧孩子，即使在陪伴着孩子的時候，也還是會忙着回覆電郵電話，孩子或會有所求，只是父母久久也未有回應，孩子最終還是放棄，隨隨便便作罷；另一個情況剛好相反，父母非常愛錫孩子，凡事都代為安排妥當，就算在興趣班或玩具的選擇，也給孩子最好的，父母認為是最好的，就是最好，有問過或聽過孩子的看法嗎？好像沒有，其實孩子的想法，從未被聽到，還是放棄吧！既不敢想，也不敢夢，日子久了，將這種「無所謂」的行為，變成了習慣，要好好推動他們，倒是有些困難。

這些孩子所寫的字，也是表現着「無所謂」的精粹，大致上，書寫力度是輕的，不用出力也不留痕跡，無事「上

those who are not happy with the new toy

男　右手　10歲　「無所謂型」，h與n的筆劃像未完成

心」。寫英文字母的時候，有些形狀好像未完成，有些又好像寫得不小心的，寫字的速度頗慢，整篇字看起來，並不整齊，善忘的孩子，更會在不適當的位置，多一筆或少一筆。

孩子的興趣
究竟在哪裡

有看過我之前的著作《你有多久沒寫字？原來筆跡能反映你的個性！》的讀者，也應該知道，一個英文字是分三個部分，分別是上區域、中區域與下區域，在傳統學習寫字的習字簿，標準字的大小約為 9mm。這個 9mm 又平均分為三部分，每部分應為 3mm，即上區域、中區域與下區域，各佔 3mm，這是我們寫字應有的基準，英文正楷如是，英文潦草也如是。

在脫離了標準習字簿的規範後，各人也日漸走出這個框架，分道揚鑣，寫出不同區域比例的字，例如是上區域比較長，其餘兩部分稍為細小，或只有中區域飽滿，也有下

區域特別長的，亦有一些只剩單一區域，其他兩個區域極細如消失一樣，當然，也有一些規規矩矩的，維持着三個部分的平衡。

三個區域的分配，就等同將一個人分成三個部分，上區域是頭部、中區域是身體、下區域是腳，著名精神分析學家西格蒙德‧佛洛伊德 (Sigmund Freud) 認為，這三個部分，分別是超我 (Superego)，自我 (Ego)，與本我 (Id)（編按：在佛洛伊德精神分析學中，本我是指個人與生俱來的人格起源和基礎）。簡單地說，上區域表達了抽象的想法，這包括幻想、智力上的挑戰、靈性上的追求理想、理論與哲學性的表達；中區域是個人的演繹、比較自我、與日常生活相關的、當刻的情感、人與人之間的溝通，與活動的參與；下區域是行動、物質的、實用的、人類天性的基本需要，那是一些非常實在與實際的感覺。

上區域
upper zone

中區域
Middle zone

下區域
lower zone

每個字母可分三個區域，就等同將一個人分成頭、身、腳三個部分。

從這三個區域，於比例上所佔的優勢，可以看出孩子的興趣強項：

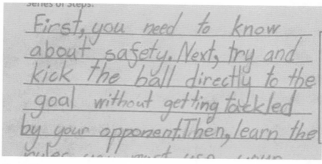

男　8歲

從這一段英文來看，首先讓你關注的，是長長的上區域，這孩子甚有自己的想法，也喜歡動動腦筋，例如玩需要思考的智力遊戲，或自己設計遊戲，但又要有實質的觸感，甚至乎要通過遊戲活動去爭取勝利，是能讓他滿足的，這可能是棋藝、桌上遊戲或電子遊戲。不過，若大家能細心留意的話，這些字的下區域也是很長的，見第三行的「directly」，這樣的情況下，這孩子想要的，並非是鬥智那樣簡單，坐着去想而不動，並不能滿足他，鬥智也鬥力的運動，例如網球、羽毛球、草地滾球或高爾夫球，可能更適合他。

Not all those who wander are lost;
The old that is strong does not wither,
Deep roots are not reached by the frost.

女 12歲

這份手稿，中區域明顯地比其他區域大，字的形狀呈圓狀，字母與字母之間的距離緊貼在一起。這女孩十分重視個人外表、愛打扮，因為這可讓她滿有自信地，與朋友談天說地，成為焦點。她看重情感的表達，也喜愛一家人在一起，滿有愛的感覺。

It is a dream deeply rooted on t
four little children will one day

男 13歲

從以上手稿的兩行字來看，上區域是頗長的，但卻遠遠不及下區域，下區域的長度，大概也有中區域的五倍，再看有不少原屬中區域的部分，額外延伸到下區域，例如第一行的 m、d，與 n 最尾的一筆，可以預見下區域對於這位十三歲男孩的重要性。下區域要處理的是較實際的事項，例如他收到一大盒喜歡的朱古力，他會認為這盒朱古力是完全屬於他的，絕不會與他人分享。字形是窄窄的，他應該也是一名收藏者，除個人喜好外，他也會收集一些有轉售價值的物品。下區域也代表了一個人的下半身，那是一雙腿，運動是他所喜愛的，最大可能是跑步、遠足之類，亦因應紙上篇幅安排，較為整潔，所以也會以不太辛苦的運動為主。

筆時其月有多少枝筆呢？或是現在已為人父母者，子的書桌上有多少枝筆呢？愛孩子的父母，為了努力做好功課，或許會買不同款式的筆，可能行的卡通人物造型，又或者是孩子心儀的款式，且孩子歡心，讓他們寫得開懷。

男 13 歲

除了不同的區域點顯示了個人興趣外，很多時候，我們會從手稿中，看看能否看到特別符號，找出獨特才能，例如音樂與文化之類。就以上頁一篇手稿為例子，書寫人特別在意標點符號，逗號的圈圈是大約填滿的；有些字例如最後一行的「歡」，字內兩個口字，看似填滿，但依然留有空間位置；而大部分字的右上角，多有上傾的情況。這孩子對吃甚有要求，但並不太重視口腹之欲，他的興趣在於了解味道是如何製作和組合而成，而且應該有煮食的天賦。

孩子能發揮潛能和優勢嗎

在前兩節，談及了孩子有不同的想法，也有不同的喜好，我們清楚知道為父母的，都希望自己的孩子能出類拔萃，成為棟樑之材，所以十分關注孩子的潛能，能否有效地得到發揮。《道德經》有云：「自知者明」，能夠清楚了解自己的人，那才是有智慧與才德兼備的人。要知道如何發揮，首先，有幾個事情是要知道的：孩子有夢嗎？想法實際嗎？他有能力做到嗎？

關於夢想、現實與能力這三個問題，在筆跡的表達上，也是與上中下三個區域有所關連的。上一節提及過，上區域像我們的頭部，這是我們的腦袋，也是管轄夢想的地方；

中區域是我們的身體，身軀是整個人最大面積的部分，受盡注目，也是我們花最多時間的地方，這地方是我們面對的現實世界；下區域是下半身，負責繁衍與行動，要腳踏實地的。書寫英文的標準，即習字簿的規範，是上中下三個區域的比例要平衡，才算完美，那就是說，無盡的潛能存於腦內，發之於夢，夢想之所以能實現，是因為有行動，與現實相連接，運用並實現出來，這才能將個人的優勢潛能發揮，所以寫字的比例，十分重要。

有時候，父母看着子女所寫的字，顯得相當憂心，並投訴着孩子所寫的字，只顧集中在中區域那部分，上區域與下區域，比例上十分短小，懷疑着孩子並沒有計劃長遠的能力。聽到他們這樣說，我不期然會問孩子的年紀，因為成長中的孩子，仍在成長路上探索與修練，筆跡仍在轉變中，在青春期內的尤甚。著名發展心理學家艾瑞克森 (Erik Erikson) 將這個階段，即約十二歲至十九歲期間的青少年，稱為自我認同或角色混淆 (Identity vs role confusion) ，那是如何從同伴朋友確立自己的角色，他們所關注的，當然是自己，尤其是外表與朋友關係，這是尋找「我是誰」的一個過程，亦是「自我」的表現。自我即佛洛依德所說的自我（Ego）的位置，屬於中區域，這些

年紀所寫的字，一般來說，中區域比較大，這是合理的現象，而問題只是，在完成一個階段之後，往後的日子，會進步嗎？下圖是一位十三歲女孩所寫的字，就是典型青春期的字。

I've shared a room with her my
life and recently we've becom
so it will be weird not to have
My favourite TV shows are pretty
skins, desperate housewives, glee,
a couple of reality shows.

女 左手 13歲

除了三個區域的比例，寫字的力度也是一個重要的因素，就如前面「筆跡分析的基本概念」所述，力度表現了意志的強弱程度。力度輕的話，即使有能力實現的夢想，有行動又如何？過了三五七天，事情沒有進步，沒有推動力，還是放棄吧！他們所欠缺的，是堅持，若是如此，我們可以怎樣輔助他們呢？

其實，推動力是源自需要 (Needs)，他們口中的夢，真的是他們心裡所想的嗎？若只隨口說說，那就並非是他們口

裡的「需要」，或許也只是滿足當刻的「想要」而已，那何來推動力？身為家長或教育工作者的，還是要作協助，希望孩子能從參與各項活動的過程中，眼界大開，找到真正的需要。

而寫字力度重的，大多是活力充沛，認為生命中應該充滿意義的，只是生命路上，沿途所遇上的人和事，並非完全熟悉，但永遠滿有驚喜與刺激，所以要加點力，向前走，戰勝每一步，這是他們對生命的態度。他們對於世上的萬事萬物，滿有情感，就因為那份投入，對於已找到的理想，自然不容有失。

除了力度以外，我們還需要留意的，是英文細楷字母的 t 字，特別是橫的那一條線，同樣地，這條線也是意志力與推動力的表現。書寫這條線，是從左至右的，左面是自己的舒適區域 (Comfort zone)；右面是充滿未知的未來，即非舒適區，左與右的比例，由垂直的一劃作區分，看看那一條橫線，左面的長一點？或是右面的長一點？如果右面的較左面的長，那就來得正好了，孩子定會為理想而努力。既是這樣，全劃也在右邊，那豈不是更好？答案是：非也！這只會是脫離現實，繼續做夢而已。

t 字不同方式的橫線寫法

至於橫的那一劃，在左邊的空間太長的話，就表示了現有的位置，實在太安穩與舒服，並不需要也沒有較大的動力往前走，沒有了推動力，更遑論意志，你說是嗎？要面對這樣想法的孩子，我們可以怎麼辦？其實這是可以改變的，書寫療法可以在此作出協助，既然右邊太短，直接的將它寫長一點，便可以作出改變，改變是要多練多寫，再變成習慣，這並不可以心急，耐心一些，才可以慢慢去改善。

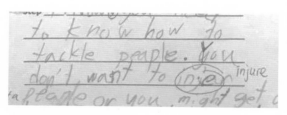

女　20 歲　靠右方式的 t 橫線寫法

男　8 歲　靠左方式的 t 橫線寫法

第四章

如何應對功課和測驗
如何面對朋友和父母
有壓力嗎　感到困擾嗎
筆跡自有答案

從筆跡看出潛在的問題

Chapter 4

情緒與壓力
探熱針

一般或會認為，孩子在成長期間的生理上的轉變、功課與考試、同儕交往、與父母思想上的分歧，成為了壓力的源頭，所以也認定了，走進學校的一刻，就是壓力的開始。但其實在幼兒時期，孩子已經意識到壓力的存在，這些壓力從父母、工人姐姐與身處的環境而來，比方說孩子到不熟悉的地方不肯睡，遇上陌生人會哭等等，這一切，都會為孩子帶來情緒上的轉變。

上一代的孩子，上幼兒園的日子，可能只是學寫二十六個英文字母，與簡單的單字，其餘的時間，多在遊戲中學習，功課尚算不多，上課學習，還是自由自在的，因為

父母要為生活四處奔走，無太多時間管束孩子，所以他們是無憂無慮的。

今時今日經濟富裕，孩子的生活日常，多由家傭姐姐處理，上幼兒園的日子，除了學習二十六個英文字母外，還有更深的字與造句，更有手工習作。愛孩子的父母，為了贏在起跑線，還會安排了不同的興趣班與補習班，例如體育、藝術或音樂等活動，原應有助於緩解壓力，但過多的日程，卻讓孩子變得不知所措，透不過氣來。

經濟富裕亦帶來了另類的家庭問題，對孩子有深遠影響的是父母之間的關係，夫妻二人各有各忙的工作，使相處與溝通的時間減少了，更遑論親子之間的休閒娛樂，偶爾或有點爭吵，甚至乎離婚，這一切，看在孩子的眼裡，無所適從，有些孩子更以為是自己的錯，苦害了父母。家庭關係，嚴重地為孩子帶來了沉重的負擔，產生不同程度的情緒反應：哭泣、自卑、反叛、逃避，甚至乎抑鬱與濫藥。

再加上大量的功課習作、社交媒體與手機的誘惑，使兒童的睡眠時間減少，社交媒體的普及，也無奈地帶來了網絡上的戲弄與欺凌，當孩子使用類似 Snapchat 那些一瞬即

逝的發佈開個玩笑時，玩笑話卻無情地永久留在互聯網上，不斷發酵，形成不能逃離的壓力。

請不要看輕，以為以上各項，只為孩子帶來了精神上的壓力與負面的情緒，只要安撫孩子一下，或等待一段時間便會消逝。其實，這確實會對孩子的身體，產生負面影響。因為腦部的皮質醇 (Cortisol)，會因應這些事件所帶來的壓力及負面情緒，而持續上升，這對於腦部發展尚未完全成熟的他們，帶來不同程度的生理影響，例如：記憶力減退、注意力減低、情緒上的疾病、免疫力較差，以及胃痛、肚痛等消化問題，這些看似普通的問題，是應該受到關顧的。

身體上所出現的各項問題，當然是要得到妥善的照料，但我要告訴你們，這是治標卻不能治本，從源頭堵截，才是長遠之策。筆跡分析在這方面，協助並提醒家長與教育人員，從孩子的筆跡，早一點發現問題所在，好能轉介予合適的專業協助與治療。因為問題行為，一般會在較後期出現，而潛在的不良傾向，會比「問題行為」更早出現在筆跡上，所以筆跡分析可以作為一種工具，協助找出孩子的情緒與壓力的源頭，以及從孩子本身的性格傾向，解釋問

題行為的催化狀況，譬如極端的沉默寡言、自卑，與持續抑鬱等等。

在筆跡上，當孩子在生活上，要面對心靈上的糾結與衝突，又或是遇上壓力，他們在紙上所寫的字，便會變得彎彎曲曲，就算是用上了有間線的紙去寫，也不能將字，安穩地寫在紙上。還有其他情況，例如或會突然出現左搖右擺的字、偶爾過分重的力度、筆劃上的欠缺、大量刪除又重寫的字、遽然變得狹窄的字距等等。只要有數項情況同時在筆跡上出現，那就暗示孩子面對當時的狀況，正處於混亂，或對生活不滿與不愉快，而腦子內卻未能作適當的舒緩處理，以至出現緊張與失落的狀態。若這樣的寫字模式，已持續一段時間，就需要關注了。除了情緒與壓力過量的孩子會出現這樣的筆跡外，有學習障礙、專注力失調，與有反社會行為傾向的，也有可能會出現相類似的筆跡，家長與教育人員，需要留意，或需尋求其他專業人員的協助。

Let us not wallow in the valley of despair, I say to you today, my friends. And so even though we face the difficulties of today and tomorrow, I still have a dream. It is a dream deeply rooted in the American dream. I have a dream that my four little children will one day live in a nation where they will not be judged by the color of their skin but the content of their character.

There are a myriad of things the world could benefit from having more of. Kindness is one of them. When you are a kind person, you're not only helping others, you are helping yourself, too. There's substantial scientific evidence that being kind makes you — and others around you — happy.

男 17歲

正如上頁圖所示，墨水的痕跡，不平均地在線條上出現，所以你會見到手稿上，有部分筆劃是較深色的，加上部分圈圈的中間部分被填滿，與為數不少的修改，表現了焦慮與緊張情緒，書寫人試圖以理性方式，努力去處理眼前的情況。

相類似的情況，也可在鉛筆字上看到，請見下圖一篇由一位九歲女孩所寫的字，線條的顏色，也出現了不平均的狀況，這個狀況並不太難去理解，用擦膠擦了多次的痕跡，正好說明了她對這份功課的表現，並不太滿意。她是一位思想上比較成熟，也有要求的孩子，你可以看到部分字形的弧度與彎角，相當工整，對於不能夠達到完美，還是會耿耿於懷的。

My favourite weather

I like cool with gentle breeze. The yellow leaves make my relaxed.

My family usually goes to the country park. We bring some food and drink. We go hiking and then have a picnic. We enjoy it very much.

I like autumn because the is cool. However, it is dry. We need to put cream on body. I want it to be autumn all year round!

1. Mike caught a crab but I caught three crabs.

1. The yellow is next to the fire hydrant.

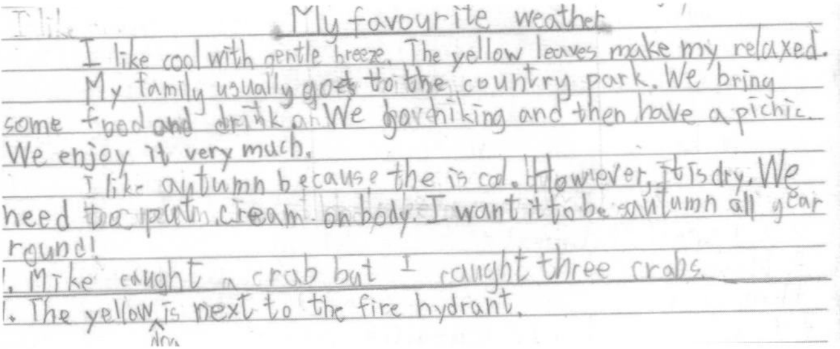

女 9歲

父母在煩、
孩子在煩：
青春期的疑惑

青春期是由兒童階段發展至成人階段的一個過渡期，這個
時期的兒童，在心理與生理上，有着重大的變化。著名的
發展心理學家艾瑞克森 (Erik Erikson) 認為，這個年齡層
的青少年，進入了對自我的認同，或是角色混淆的狀態，
他們通過與友伴的相交，確立自己的角色，與此同時，在
思想上，漸漸脫離父母與家庭的影響，朋輩成為這個時期
的重要伙伴。

朋輩中，互相比較的情況甚為普遍，因應生理上的轉變，
外貌、身形與情緒，皆出現變化，而青春期的特徵，會在
不同時間出現，在不同人身上，總有先後次序之分，朋友

之間，或會互相比較。曾經有研究顯示，較早熟的青少年，對自我的角色，較為清晰，多顯得比較自信；較遲成熟的青少年，因多與較早熟的朋輩作比較，而產生負面的想法，自尊感或會因此顯得不足。

所謂的自尊感，是對自己的主觀感覺，那是對自己能力的滿意程度，主要是透過與他人的溝通與互動，所作出的自我評價。自尊感的發展，在青春期尤為重要，滿有自尊感的孩子，有足夠的信心，對事對物，有獨立的思考能力與價值觀，亦未對自己的能力，有所懷疑。相反地，自尊感不足的青少年，很容易跌入了自卑與無能力的狀態，因而產生了內在的不足感，使他們無力處理焦慮所帶來的壓力，與此同時，在生理上，受着荷爾蒙的影響，情緒上或有起伏，這一切加劇了青少年問題的出現。

家長們應理解孩子的想法，鼓勵他們將心打開，聆聽他們的所思所想，究竟該如何了解孩子心，讓我在往後的章節，從筆跡的角度，加以說明。

青春期的筆跡特點

輕或多變的寫字力度，是分析這個時期筆跡的重點，之前「筆跡分析的基本概念」所述，力度受着情緒與身體的健康情況所影響，於是有着不同程度的變化。大部分成年人，經過多年來的訓練，一般情況下，在情緒的表達上，自有一定的穩定性；不過對於青春期的年輕人，情緒上的反應，仍是頗敏感的，你的一言，他的一句，還是可以隨時觸動心靈的深處，引發停不了的漣漪，甚至乎軒然大波。這一切感受，在夜闌人靜的一刻，淌進了潛意識的數據庫中，通過了執筆寫字的手，以不同方式的力度表達，讓你知道箇中原由。

寫字的力度，與墨水的流動，在這個時期，有着很多不同樣式的表現狀態，並非單是輕力、平均與力度深那樣簡單。有時候，你或會看到紙上的字，有漏墨水的痕跡，但實際上，這效果並非由手上那支原子筆所造成的；亦有情況是，所寫出來的一筆一劃，顯得很人工化，並不順暢；也有一些筆劃的狀態，是突然又不適當地停止，又或是呈現扭結的模樣，更嚴重的或會有顫動情況，試想想心情激動的時候，雙手還是會顫抖的。

Let us not wallow in the valley of despair, I say to you today, my friends. And so even though we face the difficulties of today and tomorrow, I still have a dream. It is a dream deeply rooted in the American dream. I have a dream that my four little children will one day live in a nation where they will not be judged by the color of their skin but by the content of their character.

女 13歲

就以這一篇十三歲女孩的字為例，整整齊齊的，字字也清清楚楚，看起來甚得人歡心，表現得聰慧冷靜，亦顯得自信與敢言，是一個分析力頗強的理性女孩。但再看下去，你或會留意到，某些字母的某些筆劃的顏色比較深與不平均，例如：第四行第一個字「dream」的字母「d」和「r」，第一行最後的一個字「friends」中的字母「d」，第二行排尾三的「today」中的字母「y」，收筆的時候，尾是鈍鈍的，而且力度也是不平均的。這是情緒起伏的表現，或許在寫字的一刻，心裡對於某些事情，仍耿耿於懷，但又未找到方法，舒緩這刻的心情。這種寫字形態的表現，在這個年齡層，也是相當普遍的，只要沒有配上其他有負面傾向的筆劃，是不用擔心的。

除了寫字的力度與墨水的表現方式以外，中區域和字的大小，多會變得較以前的稍大，原因是他們正值要求得到成年人注視的年紀，亦是自我的建立，著名精神分析學家佛洛伊德所說的自我（Ego），就是表現在中區域。這個區域，也顯示了對社交關係的看法與處理方式，所以同時也是透過朋輩的交往，確立「自我」身份，情況就如下圖另一位十三歲女孩所寫的字，中區域部分比較大。

i've shared a room with her my
life and recently we've become
so it will be weird not to have ne
My favourite TV shows are pretty
skins, desperate housewives, glee, 9
a couple of reality shows.

女 13歲

若各位仍對「青春歲月」有印象的話，請再想想要寫字做功課的日子，從學寫字的一刻，到現在你所寫的字，有何轉變？哪個時候的變化最大？請先看下頁三組字的分別：

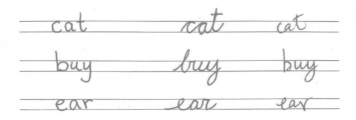

三組字各有不同

從左面起的第一欄與第二欄，是練習習字簿時候要寫的字，分別是英文正楷與英文潦草。但到今時今日，相信很大部分人，並不是寫成第一欄與第二欄的模樣，現在的你，有可能將這三個字，分別寫成第三欄，甚至乎第四欄、第五欄……等模樣。我又請各位再細想，究竟從哪個時候開始，你所寫的字，開始轉變？

著名心理學家卡爾・榮格 (Carl Jung) 認為，人類在成長的發展，會漸漸走上個性化 (Individualization)，將有意識的自我，與存在於無意識內的那個心目中的理想形象，互相融合，將自我實現，形成一個穩定的性格。這個發展程序是頗漫長的，有些人甚至乎窮盡一生，也在為這個願景而

奮鬥，而這個個性化的最重要階段，就在青少年時期。在這個成長階段，青少年們對於「自己」與「自我」的概念，日漸清晰，漸漸開始覺得，「我」是一個獨立個體，要去了解自己的角色、價值與能力，並訂立自己的行為標準。這一切可能會通過不同的嘗試，或許會比較，甚至乎參照父母或其他人的行為與價值觀，並作整合，以找出這個「我」。

這個個性化的程序，同樣會體現在筆跡上，青少年所寫的字形，日漸脫離習字簿那標準化的模樣，演變成各種各樣寫字的線條樣式，目的是要脫離傳統與標準的規範，所以我們會出現如前所述的第三欄，或其他的線條與字形的樣式。至於怎樣轉變？大致上，也是向身邊所出現過的人，參考或模仿而成的，最典型的例子，就是模仿偶像的簽名，作為自己的簽名設計，這個時期的孩子，很多是模仿了偶像的簽名後，再套上自己的名字，然後又自覺自己的簽名，應該不會被同輩所發現。

我記得自己的小時候，看到了英文科老師所寫的英文細楷「f」與其他人的，完全不同，線條很美，於是我每次見到老師在黑板上寫上「f」，我便馬上抄在筆記簿內，不斷練

習。若你們現在問我，當時老師所寫的「f」，是怎麼樣的呢？老實地說，我印象全無，究竟我現在所寫的「f」，是否仍是當天那個？我真的答不上，這個記憶似乎完全在我腦內消失，不過，老師在黑板上所寫的字，與他彬彬有禮、細心教導學生的樣子，依然留在我腦海中，因為他是一位從不罵學生，也不發脾氣的老師，所以甚得學生愛戴，亦有不少同學，模仿他的字，當然我也是其中一位。

字形的改變，也是個性化程序的一部分，就如剛才我的個人例子，小時候模仿英文老師的「f」字，某大程度上，也是潛意識希望自己模仿老師的「好好」性格。然後，在不同的成長期間，不斷整合與改變，演化成現在的筆跡。

筆跡上的改變，一般是遵循兩大方向而行，一是複雜化 (Elaborated)，二是簡單化 (Simplified)。簡單地說，複雜化是指在習字簿樣式上，再增加些筆劃；簡單化當然是指在習字簿樣式上，再減省部分筆劃，但寫出來的字，仍留有習字簿的字體痕跡，詳見下圖。其實，無論將筆跡複雜化或簡單化，目的也是要脫離習字簿的標準固定模式，顯示了孩子對自我改變的意願，作出了肯定。

Never give up?

Never give up !

上：複雜化　下：簡單化

孩子會否遇上了欺凌

香港特別行政區教育局，對「欺凌」作出了詳細的闡釋，
所謂的欺凌行為，是指欺凌者與被欺凌者之間，有強弱的
不平等權力，以致被欺凌的一方，在並不能保護自己的情
況下，持續地受到惡意的欺壓。這可能是在身體或精神
上，直接受到暴力或語言上的欺凌，又或是蓄意地受到排
擠這類形的間接欺凌，以及在剛才一節，「情緒與壓力探
熱針」內，曾談及的網絡上的戲弄與欺凌。

無論是哪一種方式的欺凌，受害人在心理上，長時間的面
對着焦慮不安、羞恥、自尊心低落、悲觀思維、憂鬱等傷
害，在沒有能力反抗的情況下，身心受到嚴重的破壞，這

對孩子的心靈，有着不可逆轉的嚴重影響，在成長後，患上精神疾病的比例也較多。

就欺凌這個問題，根據過往各國的經驗，及與欺凌相關的筆跡分析個案，我們可以從進行欺凌與被欺凌的孩子的字，看到不同的筆跡特徵，希望家長與教育人員，多加留意，及早防止問題的發生。

會進行欺凌的孩子，大多是自尊感較差，與情緒起伏較大，在性格傾向上，有支配他人的衝動，並常帶有敵意。究其原因，他們多以自我為中心，並很需要得到關注，加上容易動怒與個性衝動，且過度焦慮，只要有些不滿，便找發洩的渠道。反映在筆跡上，大多會出現彎彎曲曲、有時候又上又落的底線，就算用上了有間線的紙去寫，情況也如是，字的斜度又左又右，偏差頗大，寫字的力度並不平均，亦無特定的模樣，字母也或有不同的大小。

潛在欺凌者的字

至於被欺凌的一方，讓我們意想不到的是，兩者有着頗多相似的地方，最重要又最相近的，是自卑感重，對自己的信心不足，也不相信自己的能力，同樣地也是以自我為中心，情緒起伏較多與過分憂慮。不過，他們的想法較悲觀，自我意識頗強，人際關係上亦顯得過敏，因此，在筆跡上，他們所寫的字大多較細小，力度很輕、斜度是垂直90度或是向左傾、下區域那環形的圈，如字母「y」的下半部較弱，英文細楷字母「t」，橫的一劃短小或是寫在較低的位置，英文字母「M」或「m」的第二個半圓頂較第一個半圓頂稍高。

潛在被欺凌者的字　圖為放大效果，原字的大小為 4mm 高

以上所談及那些欺凌與被欺凌的孩子的筆跡特徵，要多項同時出現，才能定奪，在不同的筆跡組合下，所出來的筆跡樣式，也有着不同的演繹，但自尊感或自卑感，給了我們一個重要的線索。自尊感的高低，是來自成長期間，尤

其在幼年時期，孩子是否從家庭與同儕中，感受到足夠的愛與關懷，這才是家長們要知道的事情，亦是問題的最終源頭。

第 五 章

給父母的家庭教育課

父母有自己的管教方式
孩子也有他的個性
兩者如何配合
是一項大學問

Chapter 5

父母管教方式
的影響

俗語說：「三歲看大，七歲看老」，意思大概是幼童時期，是一個人的性格與品行形成基礎的關鍵期，在這個時期，孩童主要接觸者是父母，因此父母的一言一行與管教方式，是孩子言談、舉止、態度與規矩的重要學習泉源。年幼的孩子，透過與父母的互動，感受家庭成員之間感情的氛圍，所以父母的管教方式，也是體現了父母的性格特徵、生活經歷，與家庭成長背景，在某程度上，帶着傳承與修正的意味。

美國著名臨床與發展心理學家戴安娜・鮑姆林德 (Diana Blumberg Baumrind)，研究家庭教養這個題目多年，她將

父母的管教方式，分為三個類型：專制型 (Authoritarian parenting)、權威型 (Authoritative parenting) 與放任型 (Permissive parenting)。

專制型的父母，對孩子要求很高，並相當嚴格，這類父母認為，對孩子應該要有一套既定的行為準則，並須受到嚴格的紀律約束。因為以過來人的經驗，他們清楚知道什麼對孩子是最好的，所以當中並沒有任何商討、退讓與妥協，亦不顧孩子的感受，在這樣的管教方式下出來的孩子，大多是活在恐懼與服從之間，沒有選擇之下，或會變得依賴、欠缺自信，甚至乎有較低的自尊感。

與專制型較相近的，是權威型，這類型的父母，同樣有一套嚴格的行為準則，不過頗為合理與民主，亦會對孩子解釋紀律約束的背後原因，讓孩子明白接受。對於孩子的想法與需求，父母們會在合理的情況下，作出回應，也因應需要，作相關的調整，所以在原則之下，有規範但又並不死板，亦能顧及孩子的需要。不同的研究顯示，在這樣的教養方式下成長的孩童，多能展示出自信、獨立、友善、有社會責任感，及良好的適應能力。

至於放任型的父母，一如其名，對孩子並無任何約束與要求，也無罰則，只隨孩子的心意而行事，可以說是完全放任地放手。這大概有着兩方面的原因：一是過分地溺愛，所以縱容孩子，二是消極地忽視。在這種教養方式下成長的孩子，社交技能較弱，個性多衝動，想做就做，但又沒有任何目標，因為成長中，並無任何相類似的經驗，早已習慣了自己「一言堂」的生活態度，自尊感亦較弱。

當然，教養方式並非是單向的，孩子與生俱來的個性，是否能與父母的管教相配合，是一項大學問。孩子的行為，也同樣影響着父母的行動回應，在並不能磨合的情況下，或會產生不同程度的行為問題，所以家長還是要多理解孩子的想法，再在教養上，作適當的調整。

在之前一章，我們曾談及過，我們可以用筆跡分析的方法，了解孩子在情緒上所遇到的問題，因為不合適的管教方式，是釀成壓力與負面情緒的其中一個重要因素，亦是導致其他不當行為的主因。例如極需要受到關顧，與過分依賴的孩子，大多是因為自尊感低與缺乏自信心所致，這有可能是專制型，或放任型的結果，這類孩子所寫的字較大，而且中間區域特別大，多呈圓形的樣式，字與字之間

的距離很窄，環狀的下區域，例如「y」的下半部分，多靠左傾，就如下圖的例子：

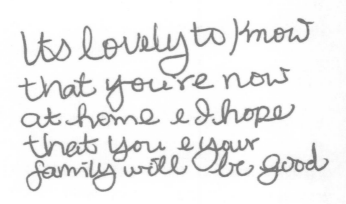

女 10歲

說實在的，能從筆跡分析中觀察到的成長期間所出現的問題，實在眾多，並不能盡錄，要知道問題並非在一天之內所形成，家長與其「見火撲火」，倒不如先留意所採用的管教方式，同時也通過本書所提及過的筆跡分析技巧，多了解一些你們尚未知道的「孩子心事」，再作配合，更正向地養育孩子，讓他們更有自信地在成長路上踏步前行。

父母與孩子的
關係

家庭是社會小縮影，父母與孩子的關係如何，影響着孩子如何處理人與人之間的關係。英國發展心理學家約翰．鮑比（John Bowlby）的依附理論（Attachment theory）指出，幼童與近親關係（父母）的發展，產生了不同程度的安全感，這種安全感的依附，引導孩子往後在人際關係發展上的處理，以及如何表現自己的情緒、想法與期望。這些情感依附的結果，是來自孩子與父母之間的互動，這又回到了教養的問題，教養是雙向的，正如前一節所說，良好的親子關係，協助父母適時調整合宜的教養方式。我們明白，多理解孩子的想法，是一個重要的關鍵，用心聆聽或許未能達至百分百的了解，始終雙方也是不同的個體，溝

通上，少不免也有接不上軌道的盲點，所以在此我以筆跡分析的方法，讓家長知道多一點，關於親子關係的資訊。

在不同的媒體報導中，大家比較關注的是如何從英文大楷字母「I」，看到在孩子的心目中，與父母的關係。在這裡所說的父母，並非是一般概念上的「親生」父母，簡單地說，在筆跡分析上，我們定義的「父母」，是指孩子的主要照顧者。他們與孩子有較多且密切的接觸，在孩子的心裡，有着一定份量的正面或負面影響力，他們可以是親生父母、養父養母、爺爺嫲嫲、外公外婆，甚至乎工人姐姐，或任何對孩子有着影響力的人。

若不是父母的身份，該如何分辨「父」與「母」的角色呢？

可以這樣說，父親這個角色，在傳統的思想角度上，具有指導、規矩、懲罰與保護等職責，所以我們時常也聽到「嚴父」這個名稱。既有「嚴父」，亦必定有「慈母」，母親的角色，就代表了生產、哺育、關懷與照顧等功能，任何人只要在孩子成長的日子，擔當着這些類別的職責，在孩子的心理上，皆充當着父親或母親的角色。

從孩子所寫的筆跡，我們可以看到孩子對父母的看法。就從這個英文大楷字母「I」字作開始，見下圖：

字母 I 的不同寫法

「I」字可以有不同形式的寫法，以上只是部分比較常見的寫法，簡單來說，一個大楷「I」字，是分了三個部分的，分別是頂部、垂直的中間部分，與尾部，正楷寫法的「I」字，就是最容易讓你清楚看到這三個部分：頂部的橫線、中間的垂直線，與底部的橫線。頂部代表母親對孩子的影響，與孩子認為的關係狀態；中間部分是孩子自己；底部就顯示了父親對孩子的影響，與孩子認為的關係狀況，這個是基本的概念。

雖然只有簡單的三個部分，但以不同寫法的線條，配對成

不同外貌的「I」字，就有着不同的關係表達。通常我們會比較頂部與底部的比例，看看哪一個部分比較大？或是比較長？較大或較長的那部分，代表了這個角色，在孩子的心中，佔據着重要的位置，即是說這個角色，對孩子有着值得關注的影響力。若頂部與底部的比例相若的話，父與母的角色，同樣重要。

或許你會問，從剛才關於「I」字的圖片，最右邊的一個「i」字，是小楷的寫法，若有孩子用這個形式去寫，該怎樣去解釋呢？因為我們無法從這款「i」字，分成三個部分。我想告訴你，這個「i」字，並不尋常，若孩子常常用這方式去寫，家長與教育人員，就必須注意了。就這個「i」字，你的觀察絕對正確，這個字款，並沒有三個部分，在第三章「孩子的興趣在哪裡？」的一節，我曾談及一個字是分三個區域的，這個「i」字，就只有中區域這個部分，並且用上小楷的字形去寫，奇怪嗎？

這並不難去理解，小楷是永遠排在大楷的後面，明顯地，地位比大楷低一級。心理上，為什麼孩子會覺得自己低了一級呢？這個「i」字用作代表「我」，暗示了孩子的自尊感低落，這個低落感，較普遍有着兩大可能性，其一：父

母或太強勢，孩子每行一步，也隨時引致父母的不滿，而他也認為自己太不好，未能達到父母的要求，這是他自己不對——「爸爸媽媽，是我太差，我比不上其他人。」

另外一個頗為普遍的情況是，父母有相當的成就，同時亦很疼愛子女，事事都為孩子安排得妥妥當當，一直以來，事無大小，孩子均不用處理，漸漸地變成了依賴，亦開始懷疑自己的能力，似乎沒有父母的幫助，自己什麼也不成。在孩子的眼裡，自己永遠也比不上父母，連父母也沒料到，過分的關顧，看似幸福無憂，但卻換來了低落的自尊感。終有一天，孩子還是要獨立，面對成年的生活，為父母的，必須要留意。

不同的孩子，寫英文大楷字母「I」字，有着不同的筆跡，我會從以下各項例子，再作說明：

女 9歲

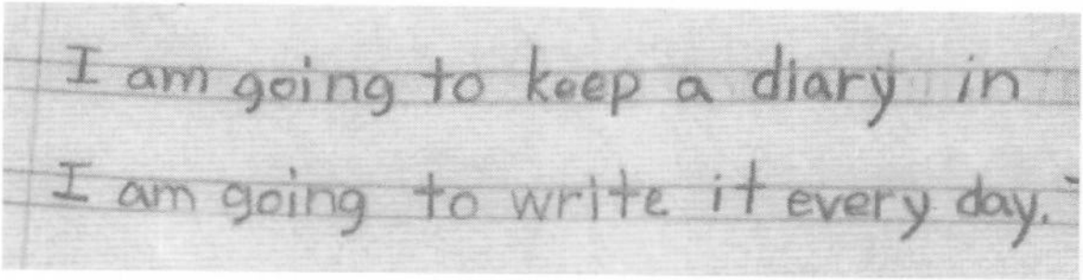
I am going to keep a diary in
I am going to write it every day.

女 8歲

上面兩篇分別為八歲與九歲女孩所寫的「I」字，同是習字簿的標準樣式，你看頂部與底部，長度與大小也相近，代表父母對她們同樣重要，她們在成長期間也有健康的親子關係。

下圖的「I」字，跟上圖一樣，同是習字簿的標準樣式，但頂部橫的一筆，與垂直那一劃之間，存在着一些距離。正如我之前曾說過，頂部代表了媽媽，垂直那一劃代表了兒子，這暗示了雙方的關係，並不密切，為兒子的大概認為媽媽並不了解他。

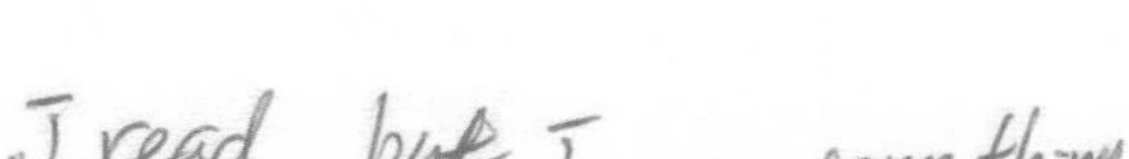
I read but I am something

男 12歲

下圖的「I」字，並無任何橫的一筆，這並非說父母對他的影響全無，相反地，父母一直對他的支持，讓他日漸成熟，成就他能夠獨立成長，有自己的想法，自信心開始建立，只是他自己還未有足夠的肯定與決心，所以看上來，「I」字並不太直。

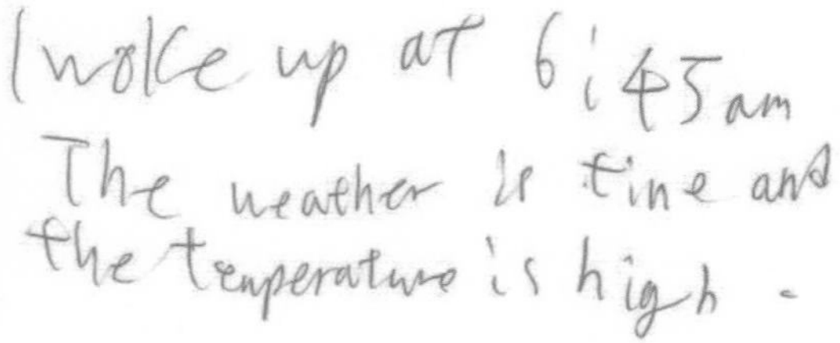

I woke up at 6:45am
The weather is fine and
the temperature is high.

除了英文大楷字母「I」，能反映出父母與孩子的關係外，還有不同的筆劃表達了父母與孩子的關係，簡單如寫字的斜度，也暗藏着父母對孩子的影響。筆跡分析的技巧，看似簡單，但每筆每劃，有着不同深度的意思，就好像剝洋蔥皮一樣，一層一層，還有一層，要慢慢的融會貫通。右面有一幅「我的家庭」的圖畫，與一張寫有字的紙，同屬一位五歲孩子的作品，你能想到，他與媽媽的關係是怎樣？

我的家庭圖畫

在上面的「我的家庭」圖畫，孩子想了很久，最終只畫了他自己一人，靠邊的站着，看似很孤獨，又不為人所理解；再看看右邊那篇字，只寫在紙的底部，前面留空了大量的空間。我請你們看看那個「我」字，是所有字之中最小的，孩子的想法，不言而喻。

我請大家留意下頁三張圖片，全由同一位九歲男孩所寫所畫的：

圖一

圖二

圖三

圖一是孩子於 2019 年送給媽媽的母親節卡，圖二是孩子於 2020 年送給媽媽的母親節卡，圖三是孩子近期的字。圖一的母親節卡，還是有顏色的，父母與孩子的臉孔在笑着；圖二的母親節卡，變成了黑白色，右下角孩子的笑臉不再，原因為何？請再留意 2019 年所寫的「I」與近期所寫的「I」字有何分別，你便會知道箇中原因，原來孩子要到外國讀書，與爸爸一同離開香港，媽媽仍要處理在香港的工作，暫未能陪伴，所以你會見到近期所寫的「I」字，頂部橫的一筆，與垂直的一筆，留有一點距離。

以下四份不同的筆跡，是來自同一家庭的，驟眼看，夫婦二人的字頗相似，尤其是字的斜度，與上、中、下三個區域的比例也是相當近似，反映了二人的價值觀與處事的態度，十分相若，在這樣的家庭組合下，所教養出來的孩子會是怎樣？

England. It's a part of the country she particularly loves, not lease least because it has its own drowned village the medieval for town of Dunwich off the Suffolk coast.

爸爸的字

It's simply a matter of letting my higher self take over, achieving enlightenment, and becoming a radiant being of white light.

媽媽的字

I was so excited about christmas, I could hardly squeak! My nephew Benjamin and I were going to trim the tree and eat lots of delicious christmas cheesy chews. But Before you could say "cat alert," disaster struck. i tripped over my tail and ended up in the hospital. And ..

兒子的字 12 歲

Memories bring back you
There's a time that I remember
When I did not know no pain.
When I believed in forever
And everything would stay the same
Now my heart feel like December
When somebody say you name
Cause I can't reach out to call you
But I know, I will one day, Yeah
Everybody hurts sometimes

女兒的字 10 歲

我請你們留意的是英文大楷「I」字，從父母到孩子，都是相同的「工」字樣式，橫的筆劃與垂直的筆劃，緊緊貼着，比例相若，代表父母對孩子的教養，有一致的思想和行為表現，在孩子身上，有正面的影響。看在孩子的眼裡，尤其是年幼的女兒，最好就是黏在父母身邊，從他們的身上，好好學習，所以你會看到她所寫的字，緊貼在左面，至於在進入青春期的兒子，在以父母的思維方式為參考的情況下，也在準備着往前探索。

在某程度上，教養的方式帶着傳承的影子，對子女來說是身教，請不要忽視這個身教，所帶來的無形影響力，這個力量，一直反映在孩子的筆跡上，好與壞的關係與影響，也能在成年的筆跡上反映出來，這是父母們要注意的。

第六章

給讀者的寫字訓練課

筆跡的不同形態
是一種無意識的表現
但通過有意的書寫訓練
便能讓人發揮更大的潛能

Chapter 6

書寫訓練
有用嗎

從踏進校園的那一天開始,孩子正式學習執筆、畫圖與寫字,從空白的畫紙,到有規範的習字簿,然後跳出了臨摹的框框,在不同格式的筆記簿上寫、寫、寫,從幼稚園到中學,面對各式各樣的功課與大量的抄寫習作。關心孩子的成年人,大多會多問一句:「既然學懂了寫字的技巧,又何須浪費時間去抄寫,反正也有電腦與手機,倒不如多花點時間學習學術知識!」相類似的評論,絕對不少,在國際上,也有不少聲音,要求較高年班的學生完全改用電腦上課與做習作,可以的話,最好連考試也用上電腦,提升考試速度,亦方便了老師改試卷。在香港,也曾有大專院校的個別科目,讓考生以電腦回答考試卷。

我們再多向前想一步，在職場的日子，執筆寫字確實是少之又少，然而在商場打滾多年後，總有一些人，會忽然懷念執筆寫字的日子，到頭來重執筆杆，在空餘日子，重拾寫字的樂趣，練習硬筆書法或是毛筆字。到了退休的生活，反而花上更多時間去書寫，有否想到書寫是怎麼的一回事呢？

若我們將書寫的次數與年齡接上關係，並以圖表形式去表示，可以想像到，所繪製出來的圖表，線條應該像盛載日本拉麵的大碗一樣，先往下落，中段是平坦的，然後慢慢上升起來。有否想到為何會是這個形狀？若書寫訓練並沒有用處，人們為何會在長大後的日子，再重新執筆？

我在之前的作品《你有多久沒寫字？原來筆跡能反映你的個性！》中，曾談及過執筆寫字對活化腦部與改善肌肉動能的優點，對孩子尤甚。從這些角度，你或會認為，得益的只是年幼的孩子，與年長的成年人，與其他人又有何關係？

未知你有否遇過這樣的情況，當人家叫你隨手拿起紙筆去寫字時，你或會感到有點尷尬，寫完了，無論你所寫的內

容如何精彩，所寫的字如何工整，在交到他人手上的一刻，你還是腼腆地訴說着，自己所寫的字不好看，有這樣的印象嗎？

書寫表達了個人情緒，讓人釋放壓力，從社交角度而言，

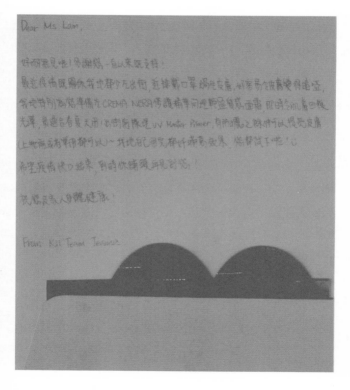

原以為只是普通的宣傳信件，準備隨手扔掉之際，打開一看，
卻是親手寫的，不得不多花一點時間，細心閱讀那份心意。

我們不能否認，看到人家「寫得一手好字」，自然會留下一個美好的印象，偶爾收到親手書寫的市場推廣宣傳單張，也會多一分感動，感覺多了一份誠意。手寫造就了創意，更為平凡灌注了個性化的生命，帶來了商機，誰說成年後的日子，用不着寫字？用不着練字？

你有試過執起筆但卻忘了怎麼寫字嗎？你會怪責自己練習得少？還是在懷疑自己的記憶能力？的確，越是手到拿來自如地寫，思維上越見暢順，書寫讓你感受到一股力量，一股相信自己能力的力量，讓你更有自信地表現自己。不同的研究也顯示，以書寫練習訓練出來的認知能力，比使用科技所得到的更優質，並能促進不同年齡層的學習成效。

書寫的訓練，無論於哪一個年紀，都有着讓人意想不到的價值。

指導書寫的
4P 與
7S 因素

不少家長擔心孩子的字寫得醜，寫得不夠工整，影響日後給外界的印象。面對這樣的查詢，很多時候，我還是告訴他們，在筆跡分析的角度，手寫從來也是無分美與醜，永遠也展現着那獨一無二的個性。

我理解家長對孩子寫字端正的要求，始終寫字是學習過程中的主要溝通工具，老師看不清楚功課習作的字，又怎能對孩子的學習成果作評核呢？我也曾遇見過部分老師，因學生所寫的字太潦草，估不到答題內容，而無法在考試卷上給予分數，相類似的情況，從小學到大學都有，甚為普遍。

作為筆跡分析專業的一份子，我還是要給大家一個溫馨提示，字可以寫得不好看，甚至乎被認作寫得醜，這是沒有問題的，但重點是要讓人清楚看見，那才能達至有效溝通。此外，字寫得清晰，在筆跡分析上，還有多重的意義。寫字清楚易讀的人，思維多數較清晰、為人直接、誠懇，亦懂得體諒別人，一般來說，也是比較可靠的。在這個吸引的前提下，能否使你們有「要寫得清楚一點」的衝動？

你有否想過，有哪些因素讓孩子的「字」寫得不好呢？

執筆寫字其實是一個習慣，寫出來的字，只是「習慣」下的結果，所以問題並不在於「所寫的字有多醜」的結果，要改善的話，還是要源頭堵截，才能達到真正的目的，這要靠家長與老師的通力合作，這一切該從執筆的一刻開始。

在這方面，讓我介紹國際手寫協會 (National Handwriting Association) 這個組織，它是一個國際性的慈善機構，由不同的專業人員所組成，包括：教育人員、治療師、心理學家、醫生與大學科研人員，旨在推廣手寫的重要性，促

進手寫教學的良好實踐，並為對手寫有困難的孩子，提供協助。

就如何實踐家長所關注的「如何寫得一手好字」，國際手寫協會為教育人員與家長，作出了具指導性的建議，稱為「4P 與 7S 因子」。「P」代表了四個項目，分別是姿勢 (Posture)、紙張 (Paper)、鉛筆 (Pencil) 與力度 (Pressure)，「S」代表了七個項目，分別是形態 (Shape)、空間 (Space)、大小 (Size)、字寫在間線上的樣子 (Sitting)、連接 (Stringing)、斜度 (Slant)、速度 (Speed) 與樣式 (Style)。

所謂的「姿勢」，並非我們認識中的腰要直，雙肩平，手要定……等等的身體擺動，因為姿勢是否正確，也是源自於客觀的環境因素，即桌椅的安排。我們的身體是很聰明的，若坐姿不舒服，整個身體就會在你不自覺之下作出調整，影響所及，執筆小手的肌肉也在微調，字跡在你不知情況下也改變了。為此，我請你們記着這個口訣：「二分之一是桌、三分之一是櫈」，根據協會的建議，書桌的高度應佔人體高度的二分之一，而坐椅的高度佔人體高度的三分之一，要對症下藥，需要先由外、後由內。

「紙張」是指寫字時，紙張放在書桌上的位置，正確的位置是放在頭部面向書桌的正中，不過不是 90 度角筆直的置在桌上，而是以微微的斜度擺放，可以向左，也可向右，關鍵在於執筆是用左手、或是右手。總之，紙張的擺放斜度，是要與執筆的手成一平行線，至於身體與書桌的距離，能舒適地讓雙手自然地擺放，便是合適。

「鉛筆」就是執筆的方式，我請你觀察一下周遭的人，是用哪些方式執筆的，你應該不難發現，很多人儘管執筆的方式並不相同，例如有些人緊握住筆尖附近的位置，結果呢？寫出來的力度很重，但也能寫。對於各人的執筆方式，我以佛系的態度去面對，始終一個習慣的形成，沒有對錯之分，但總有背後的原因，所以對於初學寫字的孩子，我還是希望老師與家長們，盡一分力協助，凡事也總希望有個好開始，是嗎？正確的執筆方式，是控筆的手指，可輕鬆地移動，沒有緊緊的握着，才可自在無壓力下去寫，所以我從不反對「轉筆」這個活動，至少也使指尖靈活一點吧！

若將筆握得太緊，體力的消耗自然多，寫字的力度也因而出現，所以練習多了，孩子便很快會覺得疲累，累了還是

要寫，自然成了循環式的厭惡，既憎且厭，何來把字寫得好呢？而力度重的字，也是焦慮的表示，若是見到這樣的情況，休息是必須的；至於合適的力度，就是所寫的字，以普通鉛筆作標準，看起來不是太淺色，亦不是太深色便可。

關於 7S 因子：形態、空間、大小、字寫在間線上的樣子、連接、斜度、速度，與樣式，全是字寫在紙上的樣子。形態是習字簿的標準模式；空間與大小，是如何將字寫在紙上的空間；間線上的樣子，是指句子在紙上，所形成的底線是哪個樣子，可以是成一直線，也可以是彎彎曲曲的；連接是字母與字母之間的聯繫方式；斜度與速度，早在筆跡分析技巧上提及過；樣式就是在寫字進入純熟階段後，所出現的個人化現象。綜合而言，這七個項目所要求達到的，字要具一致性、勻稱、穩定、有平衡感、清楚且有速度，如此一來，應該也是工整、整潔、有條理、井然有序，讓人看得舒服的手寫字吧！

簡單易學的書寫療法

我們一直在強調，筆跡所表達的不同形態樣式，是無意識的一種表現，是在告訴你腦部的一些潛信息。通過筆跡分析，我們去解讀那些我們不為意、重要又需要知道的事情，那些在生命上，曾經影響過你的人和事。我們必須要承認，我們並不完美，或許也曾有不同程度的缺點或過失，在乎嗎？上帝讓我們來到這世界，那漫長的生命歷程，是無盡的學習，學懂了，明白了，再往前去，下一次還是可以做得更好一點，對嗎？

從過往筆跡分析的經驗，看到不同的個案故事，若各位有看過我之前的作品《你有多久沒寫字？原來筆跡能反

映你的個性！》，我曾談及過，我們的腦部有着神經可塑性 (Neuro-plasticity) 的特質。既然腦部能通過你的雙手，告知你你需要知道的潛信息，同樣地，我們也可以有意識地，通過雙手進入潛意識的大數據庫內，改善大腦認知神經的功能，從中改善我們的行為、習慣與態度，使我們的生命，活得更正面與有進步。

所以，相對於屬潛意識的筆跡，書寫治療就是透過有意識的書寫練習，改善我們的行為，或許你會問，該如何去做呢？當然較有效的方法，是從個人筆跡分析報告中，找出要改善的地方，再作筆跡修正。這比較個人化，就正如有些朋友，到健身中心，在教練指導下，作私人培訓一樣，在普及性的角度，尤有不足。不過，喜歡運動的朋友，大可隨心選個運動作練習，也能達到健身的功效，同樣地，我們也可以練習一些簡單的書寫治療方式，讓你更能放鬆自在，發揮更大的潛能。

至於要練習多久，才可達至成效，一般情況下，最少是連續練習二十一日，以養成習慣，這個二十一日的定律，聽說是早於六十年代，由一位美國的醫生所提出。美國南加州大學的一位研究行為與習慣的心理學教授溫蒂·達林博

士 (Dr. Wendy Wood) 認為，要將一個新的行為變成習慣，是需要計算該事項的複雜性，有些事項，或需要更長的時間。於 2010 年，倫敦大學學院有關心理學的一份研究報告顯示，將新的行為變成習慣，是需要六十六天的連續訓練。在國外，不同的筆跡分析個案經驗所顯示，實際情況比這些簡單的練習較複雜，一般的訓練時間約三個月，故此，姑勿論要用多少時間去寫，對自己有益的事，還是多寫多練吧！

在這裡，讓我介紹兩個簡單易做的書寫練習，好能讓大家在繁忙的日子，也可輕鬆地減少壓力，使心情舒暢；要努力學習的同學與成年人，可以改善集中能力，使學習更有效率。或許你會有這樣的疑惑，這些簡單的練習，是否與前面提及的那些量身打造的書寫療法一樣，最少要連續練習二十一日呢？

既然是一個「簡單」的練習，那當然不受「必須」的練習時間所限制，隨隨便便的找一張無間線的紙，選一支自己喜愛的，又或是隨手拿來的筆，在百無聊賴的時候，根據下列各組圖形的練習指示，隨心去寫便可。有些朋友，甚至乎在打電話的時間去寫，也不是一個問題，不過，我還

是希望，大家可以每天花上十至十五分鐘去寫，成效較好。

雖說是隨心隨意地寫，但我明白最初去練習的時候，是會有一點不習慣與不暢順的感覺，甚至乎會覺得，無論怎樣寫畫，都會有一點瑕疵，例如會覺得圓的那條曲線，看來並不完美。這一切，是最初練習的正常現象，始終手部的肌肉，是需要時間去習慣的。

有些朋友看到右頁練習的圖案，臉上一沉，眉頭緊皺，未開始練習，已在想像用上十五分鐘去寫，是一項很沉悶的活動，始終讓人納悶的事，多一分鐘，也是煎熬。既是這樣，何不加多一點創意，將不同的線條圖案，合併在一起，花點心思，組合成不同樣子的創作。你會不難發現，在既定的模式下，看似苦悶無生氣的事情，也可變得活潑可人，境隨心轉，愉快又正面地練習，效果自會相得益彰。

放鬆練習

這個練習是為了放鬆手腕與手部的小肌肉。圖 A 與圖 B 是同一組，要留意圈圈的大小次序，然後分別以逆時針

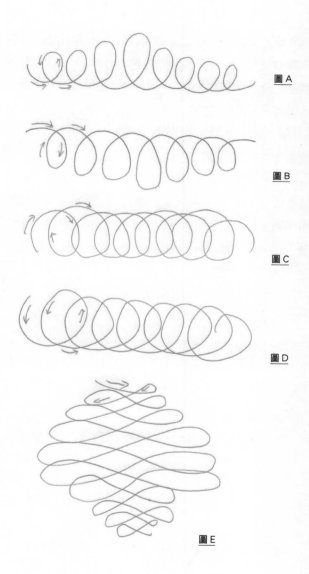

圖A

圖B

圖C

圖D

圖E

(圖 A) 與順時針 (圖 B) 方向去寫,先後次序不拘。圖 C 與圖 D 亦是同一組,與圖 A 與圖 B 相似,只是沒有大小圈圈之分,程序與 AB 組一樣。圖 E 是平放的 8 字形,由小畫至大,再慢慢變回小 8 字形。

改善集中力的練習

這套改善集中力的練習,要留意不同圖形線條之間的間距,圖 F 是一大一小的練習,連接在一起的英文潦草「l」及「a」,看似簡單,當連續書寫的時候,請注意「a」字

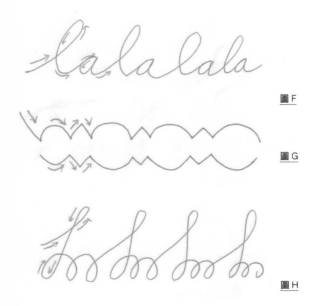

圖 F

圖 G

圖 H

的筆劃方向；至於圖 G，上下兩條線的轉角位，都是互相對着的，稍為不對稱，就失去原有的意義，所以不容有失；圖 H 是一大二小的練習，相對圖 F 與圖 G，較為容易處理。

原來筆跡藏着心底話！

21堂

成長必修的
筆跡課

林婉雯 著

責任編輯
　侯彩琳
書籍設計
　姚國豪

出版
　P. PLUS LIMITED
　香港北角英皇道499號北角工業大廈20樓
　20/F., North Point Industrial Building,
　499 King's Road, North Point, Hong Kong
香港發行
　香港聯合書刊物流有限公司
　香港新界荃灣德士古道220-248號16樓
印刷
　美雅印刷製本有限公司
　香港九龍觀塘榮業街6號4樓A室
版次
　2020年7月香港第一版第一次印刷
　2022年7月香港第一版第二次印刷
規格
　32開（115mm x 188 mm）184面
國際書號
　ISBN 978-962-04-4676-4